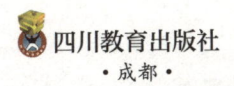

少年读全景

资治通鉴故事

③

汉纪 下

廖志军 编著

四川教育出版社
·成都·

图书在版编目（CIP）数据

少年读全景资治通鉴故事. 3，汉纪. 下 / 廖志军 编著 . — 成都：四川教育出版社，2021.10
ISBN 978-7-5408-7789-7

I. ①少… II. ①廖… III. ①中国历史—古代史—编年体 ②《资治通鉴》—少年读物 IV. ① K204.3-49

中国版本图书馆 CIP 数据核字（2021）第 181925 号

SHAONIAN DU QUANJING ZIZHITONGJIAN GUSHI 3 HANJI XIA

少年读全景资治通鉴故事3 汉纪 下

廖志军　编著

出 品 人	雷　华
责任编辑	肖　勇
责任校对	杨　波
封面设计	路炳男
版式设计	闫晓玉
责任印制	田东洋
出版发行	四川教育出版社
地　　址	成都市黄荆路 13 号
邮政编码	610225
网　　址	www.chuanjiaoshe.com
印　　刷	德富泰（唐山）印务有限公司
制　　作	闫晓玉
版　　次	2021 年 12 月第 1 版
印　　次	2021 年 12 月第 1 次印刷
成品规格	188mm×245mm
印　　张	9
书　　号	ISBN 978-7-5408-7789-7
定　　价	168.00 元（全 6 册）

如发现印装质量问题，影响阅读，请与本社联系。总编室电话：（028）86365120
编辑部电话：（028）86365129

目录 公元前206年~公元219年

◎少年读全景资治通鉴故事3　汉纪　下

赤眉绿林起义　〇〇一
社会动荡，绿林起义
赤眉起义，攻击官军

昆阳大捷　〇〇三
攻打昆阳，义军被围
奇计巧谋，大败官军

刘秀复汉　〇〇五
扩充实力，自立为王
众望所归，称帝复汉

一代贤后阴丽华　〇〇七
美貌佳人，君子好逑
谦让自抑，皇后楷模

云台首将邓禹　〇一〇
追随刘秀，出谋划策
运筹帷幄，功高盖世

吴汉力挽危局　〇一三
劝降彭宠，担当重任
东征西讨，屡立战功

大树将军冯异　〇一六
投身汉军，因功封侯
谦让不夸，战功卓著

耿弇平齐　〇一九
少年有为，深谋远虑
平定齐地，战功显赫

征南大将军岑彭　〇二二
韬略过人，劝降朱鲔
奉命平叛，功勋卓著

光武帝平陇西　〇二四
解除威胁，出兵陇西
两军相持，击灭隗嚣

光武帝平公孙述　〇二六
挥戈伐蜀，初战不利
重整旗鼓，平定蜀地

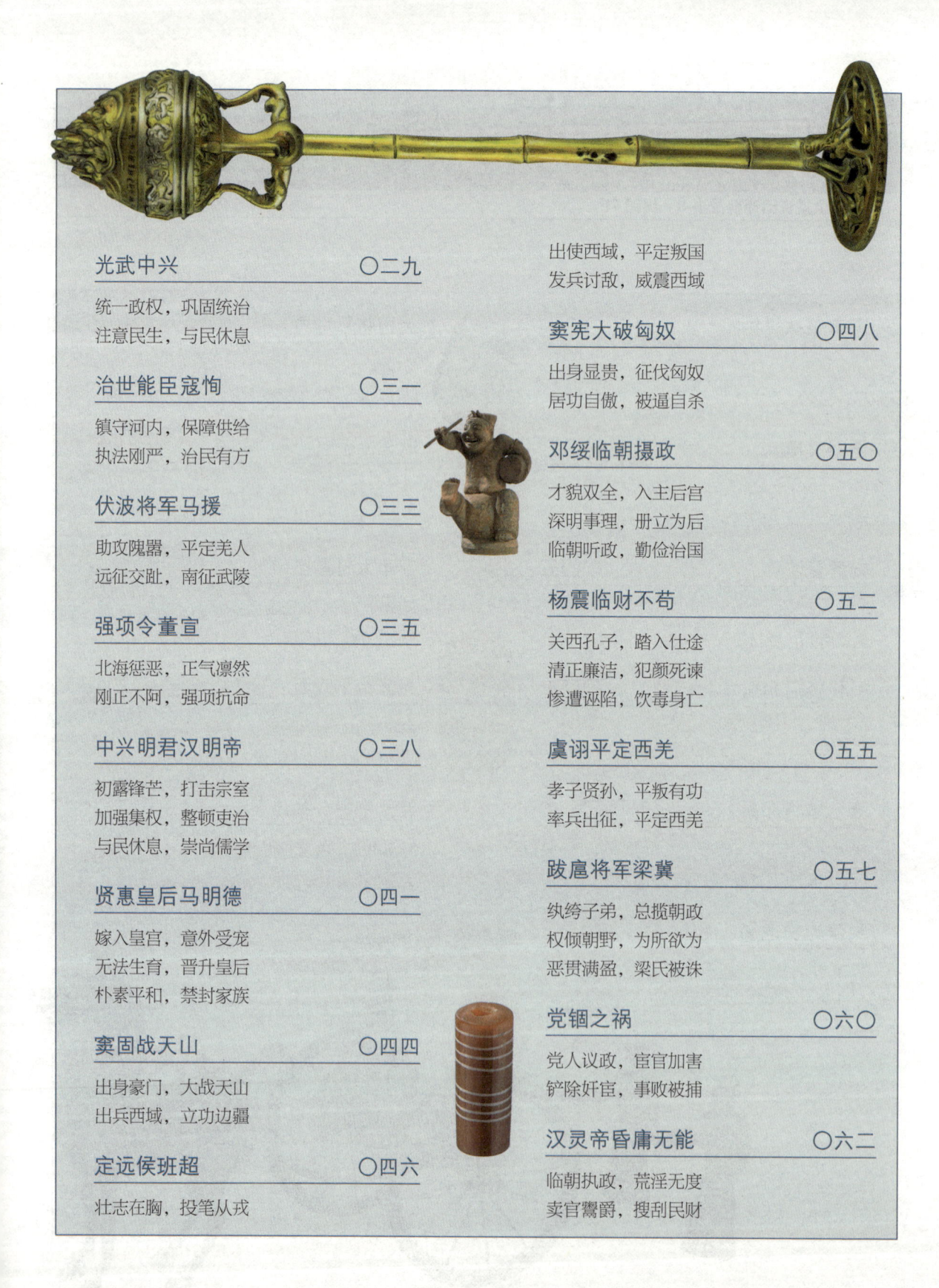

光武中兴 ○二九
统一政权，巩固统治
注意民生，与民休息

治世能臣寇恂 ○三一
镇守河内，保障供给
执法刚严，治民有方

伏波将军马援 ○三三
助攻隗嚣，平定羌人
远征交趾，南征武陵

强项令董宣 ○三五
北海惩恶，正气凛然
刚正不阿，强项抗命

中兴明君汉明帝 ○三八
初露锋芒，打击宗室
加强集权，整顿吏治
与民休息，崇尚儒学

贤惠皇后马明德 ○四一
嫁入皇宫，意外受宠
无法生育，晋升皇后
朴素平和，禁封家族

窦固战天山 ○四四
出身豪门，大战天山
出兵西域，立功边疆

定远侯班超 ○四六
壮志在胸，投笔从戎
出使西域，平定叛国
发兵讨敌，威震西域

窦宪大破匈奴 ○四八
出身显贵，征伐匈奴
居功自傲，被逼自杀

邓绥临朝摄政 ○五○
才貌双全，入主后宫
深明事理，册立为后
临朝听政，勤俭治国

杨震临财不苟 ○五二
关西孔子，踏入仕途
清正廉洁，犯颜死谏
惨遭诬陷，饮毒身亡

虞诩平定西羌 ○五五
孝子贤孙，平叛有功
率兵出征，平定西羌

跋扈将军梁冀 ○五七
纨绔子弟，总揽朝政
权倾朝野，为所欲为
恶贯满盈，梁氏被诛

党锢之祸 ○六○
党人议政，宦官加害
铲除奸宦，事败被捕

汉灵帝昏庸无能 ○六二
临朝执政，荒淫无度
卖官鬻爵，搜刮民财

黄巾军起义 ○六四	**曹刘煮酒论英雄** ○八八
矛盾激化，揭竿而起 转战南北，兵败而终	刘备势单，投奔曹操 天下英雄，唯使君与操耳 放虎归山，终留后患
董卓乱政 ○六七	**好谋无断袁本初** ○九○
积蓄实力，闻达乱世 抓住时机，率兵入京 趁乱弄权，祸国殃民 火烧雒阳，对抗联盟	名门望族，交游广泛 称雄乱世，拥兵自立 好谋无断，坐失良机
曹操初露锋芒 ○七一	**曹操官渡胜袁绍** ○九三
机智聪颖，个性不羁 惩处恶霸，初显身手 独力西征，虽败犹荣	解围白马，对峙官渡 以少敌多，等待战机 奇袭乌巢，曹操大胜
王允计诛董卓 ○七四	**曹操统一北方** ○九六
乱臣当道，国无宁日 拉拢吕布，诛杀国贼 举措失当，引火烧身	兄弟失和，败逃辽西 追击二袁，远征乌桓 肃清袁氏，统一北方
鬼才谋士贾诩 ○七七	**郭嘉足智惜早亡** ○九九
一言转乾坤 智胜曹孟德 曹营献奇谋	智谋过人入曹营 屡献奇计定北方 天妒英才惜早亡
吕布白门楼被斩 ○八○	**孙策定江东** 一○一
反复无常，屡搅战局 偏听即信，命断白门楼	绝世无双好孙郎
挟天子以令诸侯 ○八三	
曹操施计迎献帝 挟天子迁都许昌	
刘备贩履怀大志 ○八五	
家世没落，贩履织席 胸怀大志，乱世发迹 代领徐州，暂得立足	

雄踞江东，颇得人心
惨遭暗杀，英年早逝

刘备三顾茅庐 一〇三
依附他人，壮志难酬
两拜诸葛皆扑空
三拜诸葛，隆中对策
博望坡军师初用兵

刘表清谈丢江山 一〇六
名列"八俊"，仕途坎坷
统领荆州，拥兵自重
胸无大志，溺妻失地

雄姿英发周公瑾 一〇九
自古英雄出少年
生死之交结姻亲
殚精竭虑为东吴

孙刘结盟抗曹 一一一
曹操南下，江东告急
诸葛亮激孙权
孙权坚定联刘决心
赤壁之战

刘备借荆州 一一四
占据公安，又添新愁
商借荆州，一借无还

凤雏佐汉取益州 一一六
凤雏庞统，才能出众
深谋远虑，佐汉取益
君臣相得，雒城折翼

曹操统一关西 一一九
南伐失利，转战关西
冲破潼关，步步为营
施离间计，智取关西

孙权曹操争淮南 一二一
争夺淮南，战线东移
濡须对峙，皖城失守
张辽威震逍遥津

赵子龙一身是胆 一二四
追随刘备，情同手足
侠胆英豪，忠心护主
直言敢谏，高风亮节

襄樊之战 一二六
水淹七军，威震华夏
吕蒙施计，关羽大意失荆州

刮目看吕蒙 一三〇
人小鬼大，果敢有识
事主东吴，豪气冲天
一介武夫，终成儒将

忠义双全的关羽 一三三
义薄云天，彰显实力
千里走单骑，忠贞不二
万古留名，瑕不掩瑜

勇猛张飞残暴招灾 一三六
英勇豪爽义佐刘
长坂桥吓退曹军
惜英雄知才礼遇
事未竟身首异处

汉纪 下　　▶▶ 赤眉绿林起义

赤眉绿林起义

王莽的暴政让寄希望于新政的百姓苦不堪言，而接连发生的各种天灾更是给了百姓沉重打击。百姓在天灾人祸的双重打击下，终于揭竿而起，反对王莽政权。起义军不断发展壮大，没多久其势力就覆盖了全国。起义军中，声势最大的是绿林、赤眉两支。

社会动荡，绿林起义

王莽在位时，众多农民在激烈的土地兼并斗争中失去了自己的土地，成了徘徊于各地的流民，有一些成了强权地主的佃农，还有的成了奴婢。而王莽实行的托古改制，引发了更大的暴乱，原因是这样的制度引起了贵族、地主和官僚的激烈反对。王莽又颁布了繁杂苛细的刑法和禁令，还连年征战边境的少数民族。当时正赶上天灾不断，没有出路的农民只好揭竿而起，纷纷加入起义大军。

17年，荆州出现饥荒，人们只能靠沼泽地里的野荸荠果腹。可野荸荠根本不够人们食用，争夺也就出现了。这时出现了两个调解纠纷的人——王匡和王凤。他们是新市的名人，得到了大家的拥戴。他们二人将附近的几百个饥民组织起来，再加上一些投奔来的逃犯，建立了起义军队。

起义军被称为绿林军，他们把占领的绿林山当成根据地，开始向周围的乡村发起进攻。几个月的时间，起义军人数便已经达到了七八千。随后，绿林军击溃了前来围剿的王莽的两万大军。接着，他们趁机占领了好几座县城，并放出了监狱里关押的犯人，还打开官仓分粮食给穷人。霎时间，绿林军威震八方，投靠绿林军的贫苦之人越来越多，绿林军人数骤增到五万人。

21年，绿林军再一次打败了王莽的军队。之后，由于绿林山出现了瘟疫，起义军只得兵分两路向外转移。其中的一路号称"下江兵"，将领是王常、成丹，他们向西进入了南郡；还有一路是"新

▼（西汉）彩绘卷云纹漆盂
盂是古代盛饭器皿。此盂外壁饰有卷云纹，云纹小而零散，却显得舒展简约。

汉纪 下　　赤眉绿林起义

市兵"，将领是王匡、王凤、马武，他们向北进入南阳郡。新市兵攻打随县时，又有了一支军队前来投奔，这就是平林人陈牧、廖湛的部队。

这时，刘玄也来投奔陈牧的部队。刘玄是汉室宗亲，因触犯法律逃亡在外。他投奔陈牧之初，地位很低。没多久，他的本族弟兄刘縯和刘秀也开始率众反对王莽政权。这支以"复高祖之业"为口号的军队有七八千人，其中包括了强权地主、刘家宗室等。他们在得知刘玄投奔了绿林军的消息后，也加入了绿林军。自此，在刘縯和刘秀的辅佐下，刘玄的势力开始逐渐强大起来。在绿林军中，地主阶级渐渐掌握了领导权。

23年，刘玄在淯阳被绿林军立为皇帝，建立了年号为"更始"的汉朝，王匡、王凤被封为上公，刘縯为大司徒，刘秀为太常偏将军。此后，绿林军又称"汉军"，拥有了更强的号召力。

▼（西汉）鎏金鸟尊
呈水鸟形，水鸟二目圆睁，喙短而尖，微微张开，是为流口。整件器物通体鎏金，造型逼真，工艺精湛，质地精良，是青铜器中的珍品。

赤眉起义，攻击官军

18年，樊崇在莒县揭竿而起，只有百余人的起义军在占领泰山后，得到了周围民众的响应。很快，东海人徐宣、谢禄也带着部队加入进来，起义军人数骤增至几万人。

起义军以泰山为根据地，占领了山东境内的莒县、青州等地，势力发展到数万人。他们一路斩杀官兵，收缴地主钱财，并重罚强权地主，以至拥戴他们的贫穷百姓越来越多。

这支起义军由农民构成，没有标准的规章，没有口令、文书，也没有旗帜或是标志，将领和士兵和平共处。在他们中间，"三老"是最有权力的人，之后依次是"从事""卒史"。起义军内部为了表示平等，还互称"巨人"。这支起义军军纪严明，凡杀害民众的一律处斩，凡骚扰民众的一律受刑，因此得到越来越多民众的拥护。

22年，新朝太师王匡和将军廉丹奉王莽之命携十万大军围剿樊崇起义军。樊崇让士兵把眉毛染成红色，作为区别于王莽军队的标记。因此，樊崇起义军就有了"赤眉军"这个别号。

这一战，王莽军队大败，王匡战败逃走，廉丹战死。之后，绵延几千里的山东、江苏、安徽、河南等省广阔的边界地区就成了赤眉军的活动区域，众多分支队伍如青犊、铜马也不断加入进来，起义军有了更大的势力，队伍扩大到数十万人。

汉纪 下　　昆阳大捷

汉纪 下
昆阳大捷

绿林军不断发展壮大，并在刘玄做了更始皇帝之后变成了汉军。之后，刘縯、刘秀分别率军围攻宛县、昆阳。刘秀占领昆阳后，王莽的四十万大军围攻昆阳，而刘秀的军队不过万人。刘秀只好让昆阳的驻军盯住敌人的主力，然后让精悍的援军深入敌腹，终于成功击溃了王莽军，为汉军围剿洛阳、长安，颠覆王莽政权打下了基础。在中国古代战争史上，昆阳之战是以少胜多、以弱胜强的著名战役之一。

▶ （新）莽权
铜权相当于现在的秤砣，此乃新莽时期所铸造的铜权，分别为二斤权、三斤权、六斤权。

攻打昆阳，义军被围

刘玄登基后，就命王凤、王常、刘秀围剿昆阳。他们在攻下昆阳后，又直取邻近的郾城和定陵。接着，他们又做好了攻打宛城的准备。

此时，王莽知道刘玄已称帝，整日寝食难安，又得知有几座城池接连被夺，更是心急如焚，于是就下令让王寻、王邑两位将军率领大军，自洛阳直取昆阳。

王莽还派来了一个垒尉巨毋霸。他是王莽千辛万苦才找到的一个巨人，有着极高的身高，牛一般强壮的身体，他会训练虎、豹、犀牛、大象等猛兽，所以王莽让他带着一群猛兽一齐上阵。

当时十几万绿林军正在围剿宛城，位于昆水北岸小而坚固的昆阳为他们提供了保障。倘若昆阳被攻陷，义军就会受到敌军的内外夹击。所以刘秀必须要坚守昆阳，直到宛城被攻下才行，否则就会功亏一篑。但是，当时敌我力量相差太大，昆阳的驻军只有八九千人，而王邑和王寻的军队加起来有四十多万人。

敌人的强大让昆阳的一些驻军将领有了二心，他们觉得应该弃城而去。可刘秀却坚持守住昆阳，他说："昆阳虽小但坚固，可以护住我们。倘若我们分散开来，敌人一定会把我们各个击破，那时我们就更难保全了。而且，宛城还没到手，要是失去了昆阳，宛城的义军也一定会被歼灭。"各个将领听了刘秀的话，就以刘秀为主帅，制定了守住昆阳、寻找援军、伺机歼敌的战斗部署。刘秀命王凤、王常守城，自己则携十三骑前去召集定陵、郾城等地的援军。

昆阳虽然很小，却异常牢固。王邑仗着自己人多兵器好，命人在十几丈高的楼车上向城内雨点般地射箭。城内的人走到哪都要用门板挡箭。王莽军攻城不成，想挖地道进城，可是昆阳的守军防守太严，王莽军根本就没有机会。

奇计巧谋，大败官军

不久，已经到达郾城、定陵的刘秀、李铁、宗佻准备全力支援昆阳。可是，有人却提出要分散驻扎，因为他们害怕强大的王莽军，更不想失去自己的妻儿、家财。刘秀耐心地讲解了制胜的方法和条件，他接着说："倘若敌人战败了，我们就

汉纪 下 　　昆阳大捷

能拥有非常多的财物；倘若我们只是简单驻守，我们必败无疑，到时候连性命也不保，更不用说妻儿、财产了。"大家听懂了其中的道理，忙召集了一万多兵将开赴昆阳。

刘秀先带领一千多名步兵、骑兵组成的先锋队回到昆阳，并在离王莽军四五里远的地方设阵。王寻、王邑就让几千士兵前去应战。趁着敌军还没来得及摆好阵，刘秀就率先锋军开始进攻，很快就有几十个敌人死在了他的剑下。

前来援助的人马到达的时候，见刘秀的先锋军杀得激烈，也有了信心，几路大军一齐杀到阵前，王寻、王邑见此情景只好撤退。汉军仍不停追击。

刘秀接着率敢死队三千人，冲向了王莽军。王寻见只有这么少的人，根本不在意。他亲率一万大军迎战刘秀，可是却败给了敢死队。没多久，王寻的队伍就自乱阵脚，而汉军则越打越勇，他们瞅准了王寻一顿乱砍，就这样要了王寻的命。

昆阳城内的驻军见王莽军败走，就一齐杀向了王莽军。此时的王莽军没有了将领，又被汉军内外夹攻，乱作一团。碰巧天上电闪雷鸣，暴雨倾盆，狂风肆虐，王莽军中的猛兽受到了惊吓，也乱作一团，怒吼着在军中乱窜，士兵们被猛兽撞得七零八落，互相踩踏，死伤无数，而暴雨又使河

▲（西汉）彩绘玳瑁形漆盒
长17厘米，高约12厘米，形如玳瑁，头部前伸，轻按鼻处则盖开启，闭合自如。整件器物设计精巧，造型精美，栩栩如生。

水疯涨，淹死了不少士兵。

昆阳之战，刘秀立下了赫赫战功。随后绿林军分成两队攻击王莽。一队主攻洛阳，将领是王匡。更始帝把刘秀派到了黄河北岸，北上后的刘秀渐渐不受更始帝的限制。另一队向西入武关，将领是申屠建、李松。攻陷武关的析县人邓晔和绿林军联手直奔长安，令关中震惊。长安城内百姓乘势发动暴乱，攻入皇宫，杀死了王莽。绿林军很快就攻陷了长安。

在中国古代战争史上，昆阳之战是以少胜多、以弱胜强的典型战役。此战，刘秀率领绿林军成功击溃了王莽军，为日后颠覆王莽政权打下了基础。

汉纪 下　刘秀复汉

汉纪 下
刘秀复汉

新朝后期，在绿林军起义反抗王莽政权之时，汉朝皇室宗亲刘秀也发动了起义。昆阳大战中，刘秀给了王莽军重重一击，王莽政权的覆灭已不可避免。后来，刘秀和云台二十八将一起出生入死，东征西战，攻陷河北，收服王郎，降伏铜马起义军。接着，他统一全国，以洛阳为都，重建了汉室王朝。刘秀由此成为中兴汉朝的君主。

扩充实力，自立为王

刘玄登基没多久，就把都城迁到了洛阳，第二年，又改迁长安。而赤眉军将领樊崇在刘玄迁都洛阳时，带着二十几个将领来到洛阳，以表示自己对刘玄政权的拥护。但此时，出身于士族地主阶级的刘玄，开始显露出了他的阶级本性——淫乱奢靡。即位后，他整日在后宫饮酒作乐，还使计诱骗起义军的首领申屠建、陈牧和成丹进宫，将他们杀害。从此，起义军内部开始出现分歧和斗争。樊崇为了使部下和睦，只好远离洛阳。接着，刘玄又攻击绿林军和赤眉军的一些将领，比如王匡、张印等，这使农民军和更始政权之间的分歧越来越大。

▲汉光武帝祠
位于河南孟津，当地人亦称其为"汉陵"，俗称"刘秀坟"。

刘玄迁都长安后，又想迁回洛阳，就让刘秀去修葺皇宫。刘秀到了洛阳，亲自监督工程的实施。刘玄迁回洛阳后，为了让刘秀去攻打黄河北边的郡县，又给了已为破虏大将军的刘秀大司马的权力。

刘秀到了黄河北岸，为了获取民心，废弃了王莽的苛捐杂税，还释放了囚犯。不料，河北的强权地主王郎称帝，并重金悬赏抓捕刘秀。24年，刘秀逃亡了数月后，在信德太守任光、上谷太守耿况、渔阳太守彭宠的帮助下打败了王郎。后来，刘玄封刘秀为萧王，让他举兵回长安。刘秀的部将一听，赶紧对刘秀说："刘玄搬到长安后只知道吃喝玩乐，全国的起义大军从几万到几十万的都有，他根本就拿他们没有办法，所以他也做不了多久的皇帝。现在，您铲除了王郎，只要出面召集，天下人都会呼应您，所以您不应该把天下拱手让给他，更不能听他的。"刘秀摇摇手，示意他们停止讨论，随后对刘玄的使者说："目前虽已灭掉王郎，但河北尚未平定，所以我还不能回去。"就这样，刘秀没有回长安，而和绿林军各奔东西了。

当年秋天，刘秀趁赤眉军和刘玄激战的时候，率部攻打铜马军。起初，铜马军多次挑衅，刘秀都坚守营地不出战。后来，刘秀让部下切断了敌军的粮道，并在敌军无粮撤兵之时追击他们，最终取胜。而后，刘秀在蒲阳俘获了铜马军首领，收编了铜马军全军。此战之后，刘秀的军队又多了数十万人，士气大增。

众望所归，称帝复汉

25年，部下马武建议刘秀称帝。刘秀装作很吃惊的样子问道："将军怎么会有这种念头呢？不

少年读全景
资治通鉴故事 3

▶▶ 汉纪 下　　▶▶ 刘秀复汉

怕因为这大逆不道的话而被灭族吗?"马武答道:"这可不是我自己说的,各个将领都这么说。"可是刘秀还是没有接受马武的建议,还将众将领集合到一起,严肃地斥责了他们。

没多久,刘秀又找到冯异,向他打探各地军况。冯异猜到刘秀想称帝了,就说:"刘玄一定会败的。现在,您身上系着整个国家社稷的安危,您想复建汉朝就要称帝。"刘秀答道:"可是,我们还没有铲平各地的割据势力,自己也四面受敌,我怎么称帝呀?"部将耿纯一听,说道:"我们这些将士告别家人,远离故土,整天跟随您东征西战,也不过就是希望建功立业,加官进爵。现在,天下三分之二的土地都归我们所有,又有精兵良将,正是您称帝的时候啊。倘若您不这么做,那将会影响将士们的战斗士气,也会使军心不稳。"听完这些话,刘秀说道:"我还要再想想。"

此时,各地也有不少传言,说刘秀称帝是天命难违。刘秀也就不再拒绝了。

25年,刘秀称帝,年号建武,史称"光武帝"。同年秋,刘秀和部下攻陷了洛阳,并以此为都,此后的汉朝被称为东汉。

刘秀登基时,西边的更始政权和东边的赤眉军还在活动。另外,河南南部、安徽北部被刘永占领着,西北的甘肃、陕西等地区被隗嚣占领着,巴蜀、汉中地区则被公孙述占领着,其他大大小小的割据势力也在各地散布着。在接下来的十年里,刘秀先后消灭了赤眉军,打败了刘永、隗嚣、公孙述等所有的割据势力。36年,全国统一。至此,刘秀复建汉室的目标总算达成了。

汉光武帝刘秀文才武略,为人宽宏大量,是历史上有名的皇帝。他用兵有自己的谋略,精于以弱胜强,以奇制胜。他是推翻王莽政权、结束割据局面的关键人物,对历史发展做出了巨大贡献。

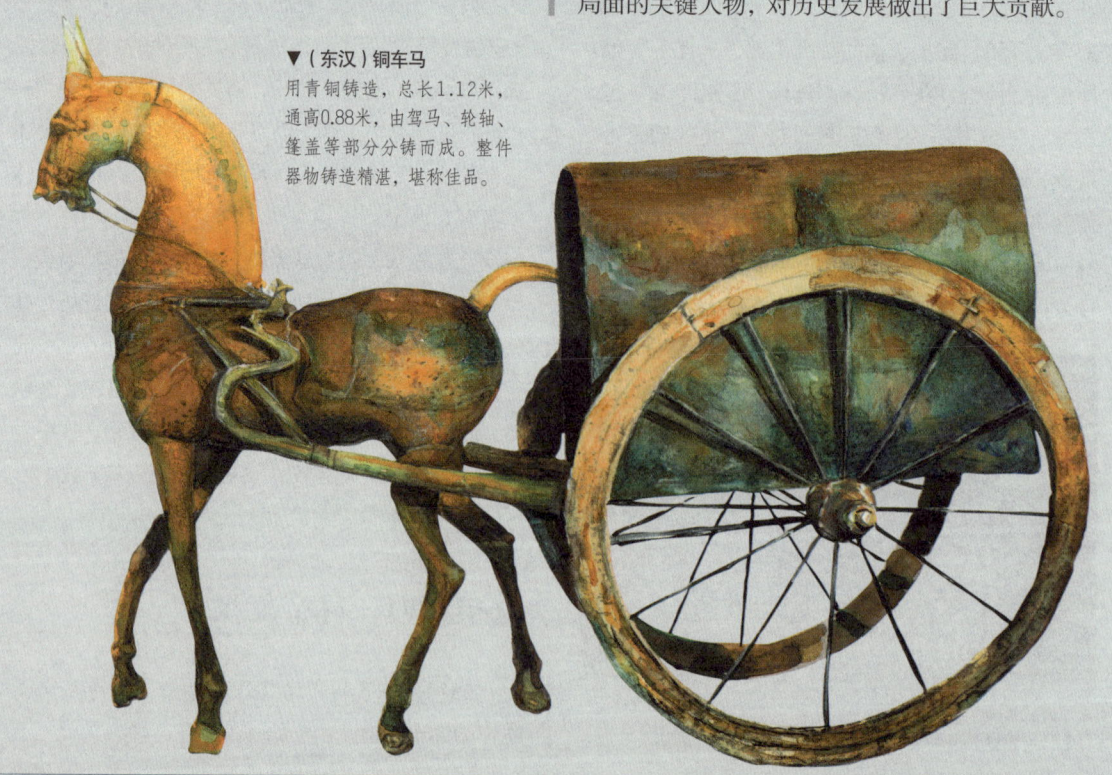

▼(东汉)铜车马
用青铜铸造,总长1.12米,通高0.88米,由驾马、轮轴、篷盖等部分分铸而成。整件器物铸造精湛,堪称佳品。

汉纪 下 ▶▶ 一代贤后阴丽华

汉纪 下
一代贤后阴丽华

41年,刘秀废掉郭皇后,册封阴丽华为皇后。阴丽华从此全心全意相夫教子,打理后宫,并且从不干涉朝政。更让人敬佩的是,她为了让光武帝能够全身心地处理朝政,不为外戚乱政而担忧,竭力束缚本家。阴皇后一生仁慈恭敬,谦虚谨慎,端庄大方,是后世公认的贤后。

美貌佳人,君子好逑

阴丽华,南阳新野人,出生于名门望族。阴丽华美若天仙,倾国倾城,她的美貌在当地无人不知,无人不晓,很多士族大家都希望她能成为自家的儿媳。但阴丽华有选丈夫的标准,她最看重的是夫君的抱负和才华,因此很多士族大家的儿子来提亲都被她拒绝了。

那时,南阳的刘秀虽有刘邦九世孙的头衔,却因家中衰败而不再是贵族了。父亲的早逝,使得他和两个哥哥刘縯、刘仲只能暂居在叔父刘良家中。兄弟三人品德高尚,为人宽宏大量,又愿意帮助别人,因而在当地小有名声。

刘秀早就知道阴丽华的美貌,也在心里发誓一定要娶到她。但是,刘秀也深知自己家不论是在名望上还是在势力上都不及阴家,因此他没有草率地前去提亲。

没多久,各地纷纷起义反抗王莽的暴政。刘秀和哥哥刘縯也举起了反抗的旗帜。几年以后,兄弟二人由于作战英勇,名气越来越大。这时,刘秀麾下的阴氏兄弟也觉得刘秀定是个有前途的人,就说服家里人让阴丽华嫁给了刘秀。

不久,刘玄找了个借口杀了刘縯。失去了哥哥的刘秀悲痛不已,而此时也只有阴丽华陪着他,安抚他。

没多久,王莽被杀,刘玄迁都洛阳,并让刘秀去平定河北的割据势力,但是却未给他兵马。刘秀自然知道此事危险重重,就派人送阴丽华回到了故乡新野。

进驻河北后,刘秀发展势力的最大障碍就是王郎。王郎是一个懂得占卜的邯郸术士,在各地义军激战之时,他谎称自己是汉成帝的后人,自立

▶(汉)辟邪钮三足砚
高24厘米,砚面圆形,三足,砚盖表面打磨光滑,盖顶圆雕辟邪,昂首平视,体态雄健,颇具神韵。此砚雕刻技法娴熟,古朴生动,是雕刻艺术中的精品。

少年读全景
资治通鉴故事 3

▶▶ 汉纪 下　　▶▶ 一代贤后阴丽华

为王,并四处悬赏通缉刘秀。为了铲除王郎,刘秀不得不求助于河北军阀刘扬。但刘扬却希望刘秀娶自己的外甥女郭圣通,这样才帮他。没有办法,刘秀只好娶郭氏为妻,并最终借助刘扬的十万精兵击垮了王郎,平定了河北的割据势力。

郭圣通也是个貌似天仙的女子,而且知书识礼,长时间相处下来,刘秀就对她有了感情。刘秀登基那年,郭圣通诞下一子,而此时刘秀已经三年没有见阴丽华了。定都洛阳后,他就让人接阴丽华过来团聚。

谦让自抑,皇后楷模

刘秀即位的第二年,想让阴丽华做皇后,可阴丽华认为郭圣通已生有一子,自己还没有孩子,就拒绝了。刘秀便册立郭圣通为后,册封郭圣通的儿子刘疆为太子,但刘秀感动于阴丽华宽厚仁慈的品德,仍让阴丽华做了贵人。

这时,刘扬叛乱,但很快就被平定了。刘秀想借此机会废掉郭皇后,立阴丽华为后,可还是被阴丽华谢绝了。她说道:"当年在皇上最艰难

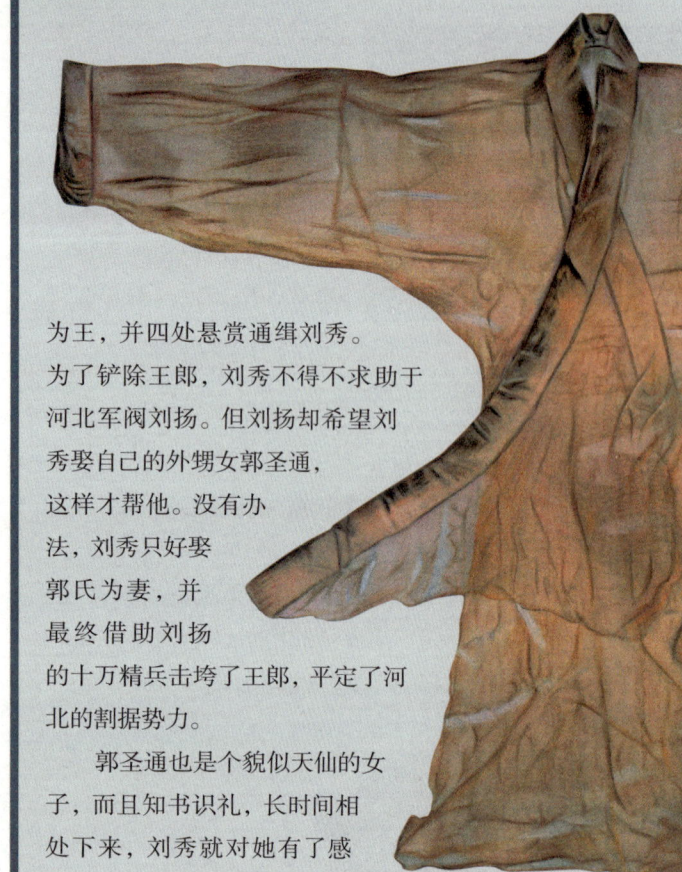

◀（汉）素纱禅衣
出土于长沙马王堆一号汉墓,由上衣和下裳两部分构成,交领,右衽,直裾,通袖长190厘米,面料为素纱,素纱丝缕极细。此衣仅重49克,可谓薄如蝉翼,轻若烟雾。

的时候,郭皇后家族帮了您。现在,虽然她舅舅叛乱,可郭皇后并没有过错。"因此她绝不同意做皇后。

统一全国后,刘秀封阴丽华的哥哥阴识为原鹿侯。阴识为人正直,在朝就说政事,出朝和客人交谈时从不议论国家大事。刘秀非常赏识他,还经常以他为榜样来教育皇亲国戚:"你们都该好好学学国舅阴识。"

当时,阴丽华的另一个兄弟阴兴被升为侍中,还被封为关内侯。可他看着备好的印绶,却谢绝道:"臣自认为没有什么功绩,倘若受此爵位,天下人都会觉得不公,臣不想看到这些。"后来,阴丽华问他为什么要那么说,阴兴道:"盛极而衰,贵人知道这个道理吧?作为外戚,就要知谦退,这样才能避免祸患。"

33年,无名盗贼杀害了阴丽华的母亲和弟弟。刘秀觉得自己对不起阴家,就下诏再一次封赏了阴家,还命朝中官员前去吊唁,并在诏书里透露了当年只有几个人知道的阴丽华拒绝做皇后

▶▶ 汉纪 下　　▶▶ 一代贤后阴丽华

一事。

从那以后，郭皇后就开始处处刁难阴丽华。可阴丽华却仍以大局为重，事事忍耐。

41年，刘秀终于无法忍受郭皇后的所作所为，废掉了她，立阴丽华为后。刘秀在诏书里说郭圣通是和吕雉、霍成君一样的人，而且觉得自己误了阴丽华的人生。

阴丽华后来努力安抚郭皇后和郭家，同时也劝太子刘疆不要将此事放在心上。就这样，郭家提早有了"皇太后家族"的礼遇和爵位。皇上下了多道圣旨，接连封赏了郭圣通的家人。

在中国历史上，也只有郭圣通是被废后没有被打入冷宫还始终受到尊敬的皇后，而郭家也成了唯一没有因为失去靠山而遭受惩罚反而始终享受高官厚禄的外戚家族。

郭圣通被废后，太子刘疆终日惶恐，主动让出了太子之位。刘秀去世后，阴丽华的儿子登基成了汉明帝，阴丽华也成了皇太后。但她依旧怀着悲悯仁慈之心，还叮嘱自己的后人要好好对待郭氏家族。明帝刘庄和其子章帝刘炟都按要求做了。章帝北巡经过真定郭家时，还特地依照阴丽华所托和郭家人聚会，并把万斛粟米和五十万钱赏给了他们。

64年，阴丽华病逝，终年六十岁。

▲（东汉）铜俑灯
出土于云南个旧，高40.5厘米，俑呈跪坐状，裸体，尖脸，大眼，高颧骨，具有鲜明的西南少数民族特征。俑双手各平举一盏灯，头上亦顶一盏灯。

阴丽华一生谦虚贤惠，从不干涉朝政。她为了让刘秀不为外戚干政担忧而专心处理朝政，处处设法限制自己本家的势力。

古代皇帝中，很少有几个皇帝能拥有幸福的婚姻，而刘秀和阴丽华的美满婚姻却让人羡慕。这自然有刘秀宽宏大量、情感专一的原因，但更重要的还是因为阴丽华有着恪守本分、温柔谦恭的品德。

◀浮雕石砚台
由砚盖和砚身两部分组成。盖顶圆心有一宝珠钮，周遭饰覆莲纹。此砚台造型独特，纹饰考究，器形厚重，是难得的珍贵文物。

汉纪 下

云台首将邓禹

"云台二十八将"是帮助光武帝复建汉室的著名将领，明帝为了纪念他们，命人在南宫云台阁画了他们的画像，其中为首的是战功赫赫的邓禹。早年，邓禹是刘秀的平民朋友，刘秀起义后，他就前去投靠。邓禹帮助刘秀平定了河北，后来还在一些关键性问题上为刘秀出谋划策，为刘秀恢复汉室做出了重要贡献。

追随刘秀，出谋划策

邓禹，字仲华，南阳新野人。他自幼就很聪明，长大后去长安游学。当时，刘秀也在长安学习，两人成了好友。邓禹游学结束后返回了故乡。

刘秀被刘玄派到河北后，在邺见到了赶来的邓禹。邓禹分析了天下的形势，认为刘玄自身犹豫不决，属下也多追名逐利，因此更始政权很难长久。他还觉得刘秀应该广招贤士，聚揽民心，复建汉室，解救百姓。邓禹因此得到了刘秀的器重。邓禹任人唯贤，所以刘秀在任用将领之前都会询问他的看法。

在清阳阻击铜马军时，盖延兵败，铜马军围困了清阳。邓禹到达后，大败铜马军，还捕获了敌军的将领。赤眉军正在攻打长安，刘秀觉得这是个收复关中的好时机，可那时正在进攻山东，自己还不能离开，于是他就派邓禹担此重任。他命邓禹携两万良将西取关中，还让他随意挑选帮手。邓禹挑选了一些得力干将，包括军师韩歆，祭酒李文、李春、程虑，积弩将军冯愔，车骑将军宗歆，建威将军邓寻，赤眉将军耿欣等人，向西挺进。

25年，邓禹携西征军离开箕关，进入河东。河东都尉拒绝打开城门，邓禹仅用十天就攻占了河东，还得到很多物资。随后他又追攻安邑，但数月未能攻下。刘玄的大将军樊参携十余万人马前来援助安邑。邓禹命属下前去阻拦，最终敌军惨败，樊参被斩。

此事震惊了更始王朝，刘玄急命权臣王匡、成丹、刘均率十余万人马兵分几路攻打邓禹。邓禹首次作战战败，他的属下认为应该趁夜撤退，可邓禹认为之后的战役才能决定胜负，因为首战让他了解了王匡军队的弱点，那就是人虽多但势力弱。

翌日，邓禹下令：即使有敌军来挑战，也不要轻举妄动。王匡见此情景，就草率地来到了邓禹的营帐前。这时，邓禹急令部下击鼓进攻。从营内杀出来的士兵大败敌军，并俘获了刘均，王匡只好逃走。汉军还获得了数不清的兵器、五百多枚将领的印绶。之后，河东很快就被平定了。

随后，刘秀登基，封当时年仅二十多岁的邓

▶（汉）督邮铜印
督邮是汉代中央政府派出前往各县督察官吏和农业生产的官员。此印高1.5厘米，印面边长2.3厘米，刻有篆文"陇西中部督邮印"。

少年读全景
资治通鉴故事 3

▶▶ 汉纪 下　　▶▶ 云台首将邓禹

◀（汉）彩绘城楼形明器

汉纪 下　　云台首将邓禹

禹为大司徒，食邑万户。

运筹帷幄，功高盖世

接着，邓禹渡过黄河，又打败拥有十万人马的刘玄的中郎将公乘歙，铺平了前去关中的道路。那时，赶走了刘玄的赤眉军已经占领了长安，可他们的纪律和更始军一样差，民众不知道到底可以信赖谁。邓禹的军队纪律严谨，一路从不强取豪夺，邓禹还抚慰沿途投靠他们的众多民众。因此各地驻军纷纷投奔邓禹，大军越来越壮大。

邓禹的属下认为他应早入关中，占领长安，可稳重的邓禹却说道："军队规模虽逐渐壮大，但大多数人都没有什么作战本领，且我军的军粮、物资供应也吃紧，而赤眉军占领的关中却很富足。他们不可能放着这么好的地方不要，肯定会坚持和我们作战，倘若此时进军，我们必败无疑。但有一点要注意，赤眉军都是一些流寇，他们烧杀抢掠完后自会逃窜到别的地方。所以我们要先占领地广人稀、粮足畜多的北地三郡，一可养兵，二可查探关中的情况，等待时机，这才是上策。"随后，邓禹就携军北进栒邑。

光武帝见邓禹久不出兵攻打关中，就下旨敦促他。可邓禹一直坚持自己的想法，他命人占领了上郡的一些县，并让冯愔、宗歆两将军驻守栒邑，而他自己则带部下打下了北地。

这时，冯愔、宗歆开始夺权内斗。冯愔用计除掉宗歆后，但怕自己受罚，就率部下反叛邓禹。于是邓禹派人去向刘秀讨教计策，刘秀就向使者询问谁是冯愔的挚友，使者回答是护军黄防。刘秀遂认定黄防和冯愔一定有矛盾，就让使者回复邓禹道："不用担心，总有一天黄防一定会亲手擒住冯愔。"果然，一个月后，冯愔真的被黄防所擒。

又过了两个月，赤眉军在长安内斗起来，其主力部队只好西进扶风。邓禹得知长安内虚，命令将士急速前往，不久就攻下了长安。那时有个势力很大的地方武装，首领是延岑。他喜欢单独行动，赤眉军和刘秀军都无法让其归顺。邓禹对他进行了攻击，可因为不了解周边的地势，在短时间内没有打败延岑。

赤眉军失了长安，打算进驻陇右。可此时隗嚣占领着陇右，赤眉军进攻不成后，就又返回关中。正在攻打延岑的邓禹遭到了赤眉军的突袭，两面被敌军牵制，汉军缺少粮草，战士们每日靠野枣、野菜果腹。在这样艰难的情况下，早前归顺邓禹的一些人也都相继离开了。后来，刘秀委任冯异为帅，才顺利打败赤眉军。

天下统一后，光武帝奖赏有功之臣，邓禹也被封为高密侯，位列二十八位复国将领之首。

58年，五十七岁的邓禹去世。

▲（东汉）白玉夔龙宜子孙珮

▶▶ 汉纪 下　　▶▶ 吴汉力挽危局

汉纪 下
吴汉力挽危局

常胜将军吴汉是"云台二十八将"中的第三名。他善于用兵，足智多谋，虽败不弃，虽胜不骄，并总能在最危难时挽救局面，为东汉的大一统做出了突出的贡献。他在二十几年的军旅生涯中，大败铜马、青犊等义军，并肃清了王郎、刘永、董宪、隗嚣、卢芳等割据势力。他曾担任过偏将军、大将军、大司马，最后被封为广平侯。

劝降彭宠，担当重任

吴汉，字子颜，生于河南南阳穷苦之家。吴汉非常朴实厚道，只是不喜辞赋。少年时，他还当过当地的亭长。新朝后期，其门下宾客触犯了法律，他害怕自己被牵连，就流亡到渔阳（今北京密云），靠买卖马匹生活。他时常在河北、北京等地穿梭，因此与各地的英豪义士私交很深。

刘玄登基后，命南阳人韩鸿赶往河北的各州郡招降纳附。韩鸿见过吴汉后，非常赏识他，就借刘玄之名，让其任安乐县令。

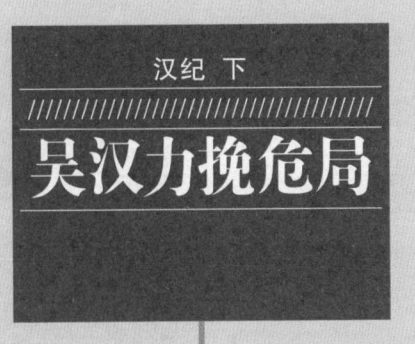

此时，河北地区的王郎假托自己是汉成帝后人，占据了邯郸，而刘秀也凭更始王朝大司马之职统辖着河北，河北各州郡的新朝旧吏万般犹豫，不知该投向哪边。吴汉早年就知刘秀惜才，便决定归顺刘秀。他还劝想建立伟业的渔阳太守彭宠归顺刘秀。彭宠抵不住吴汉劝说，就答应和上谷郡将士一起南下与刘秀会师。一路上，吴汉携部下把王郎在幽州各处的将领都杀掉了，最终和刘秀会师于巨鹿广阿。之后，由于邓禹的大力推荐，吴汉被刘秀封为偏将军，并被派去率骑兵围剿邯郸。没多久，邯郸就成了吴汉的囊中之物。

之后，因兵源不足，刘秀计划去幽州征兵，但害怕刘玄的幽州牧苗曾从中作梗，便向邓禹征询前往征兵的最佳人选。邓禹力荐吴汉，他对刘秀说："此人骁勇，且足智多谋，这些将领中没人能赶得上他。"因此刘秀就封吴汉为大将军，命他在幽州的十郡征召骑兵。

苗曾知道后，暗地里果真做了军事安排。可到了幽州的吴汉却先苗曾一步制订了对策，他先和侍从去了苗曾的守地。苗曾见吴汉只有几个侍从跟

◀（东汉）铜雁炉
通高14.8厘米，由雁身与承盘两部分组成，雁背为盖子，盖面为镂空花纹。合上盖子后，隆起且镂空的盖子以及平坦的炉身合成宽敞的燃烧空间。下面的承盘既有承灰作用，又有承重作用。

汉纪 下　　吴汉力挽危局

着，觉得他不会就此行动，就亲自在城门接待他，吴汉则趁机命侍从杀死了苗曾。幽州各郡得知后都乱了阵脚。接着，吴汉命所有兵马南去刘秀驻守的清阳等候命令。

24年，在更始王朝的尚书谢躬北上征讨农民军之时，刘秀命吴汉、岑彭攻取邺城。此时，更始王朝驻守邺城的只有大将刘庆和魏郡太守陈康，其他将领都随谢躬北上讨伐农民军去了。吴汉想在短时间内攻下邺城，就先命人进城劝降。陈康害怕吴汉的势力，就打开城门归顺了吴汉。

之后，吴汉又趁机除掉了兵败返回邺城的谢躬，最终在不损一兵一卒的情况下占领了邺城，还收编了几万人马。

吴汉经常率领骑兵跟着刘秀出生入死，北上攻打铜马、重连、高湖等农民军。河北被攻克后，吴汉又和各将领力劝刘秀称帝。刘秀登基后，吴汉因功高而被升为统帅全军的大司马，并被赐封舞阳侯。

◀▲（东汉）透雕螭龙纹玉环
出土于江苏邗江，直径10厘米，孔径4.7厘米，环身为蜷曲螭龙纹，透雕镂空，形态活泼，其浮凸及细阴线琢玉技法将螭龙刻画得生动传神，在螭龙尾上还琢有一只小螭虎，妙趣横生。

东征西讨，屡立战功

26年，檀乡农民军被吴汉统领的军士击败，十几万人马统统归降了吴汉。刘秀得知后，命使者赐封吴汉广平侯之号，并封赏其田邑。没多久，吴汉又挥军南下，平定了河内郡各处割据势力；之后，他又直取南阳，占领了刘玄统治下的宛、涅阳、郦、穰、新野等县。随后，他又在新野黄邮水与秦丰军激战并大败之；接着他率部同冯异军向北击败了新安的铜马、五幡农民军的残余力量。

27年，驻守在河内郡轵县地区的青犊农民军被吴汉、建威大将军耿弇、虎牙大将军盖延率部击败，最终只得归降汉军。接着，占领梁地的梁王刘永也被吴汉、骠骑大将军杜茂、强弩将军陈俊等打败。之后，吴汉又率轻

少年读全景 资治通鉴故事 3

▶▶ 汉纪 下　　▶▶ 吴汉力挽危局

骑对抗前来援助刘永的大将周建的几万大军。

首战告败，吴汉也因坠马而膝盖受伤，只得回营调养，将领们对他说道："现在敌军就在眼前，主帅又受了伤，军心会不会动摇呀？"吴汉听了，包扎好膝盖就宴请军士，全军士气顿盛。第二天天刚亮，吴汉军就遭到敌军苏茂、周建的围剿。吴汉以精兵为前锋军，奋勇杀敌，最终战胜了敌军，苏茂、周建丢城逃走。

29年春，吴汉携精兵攻下了渤海。第二年春天，他又占领朐城，杀董宪。

39年，吴汉将五万多雁门、代郡、上谷人迁往居庸、常山关以东，匈奴也遭到了吴汉、扬武将军马成、捕虏将军马武的袭击。

南征北战中，吴汉吃过败仗，但他绝未因此一蹶不振，而是鼓励将士再次战斗。一次，吴汉战败，光武帝命人去查探他的反应，差人却回报说吴汉正在修整兵器。刘秀因吴汉处变不惊、稳重大气而愈加器重他。而吴汉能够在战争中反败为胜，靠的也是他的这个优点。

44年，吴汉病逝。吴汉一生节俭，从不过多置办土地家宅。他做事果断、勇敢，为东汉一统天下立下了赫赫战功。

◀（东汉）神人骑辟邪铜灯
此器是汉代道术活动昌盛的反映。古人认为，此人骑神兽辟邪，可以上天入地，与鬼神来往。

少年读全景
资治通鉴故事3

▶▶ 汉纪 下　　▶▶ 大树将军冯异

汉纪 下
大树将军冯异

"云台二十八将"中的冯异是东汉的佐命虎臣，他为复建汉室、统一天下做出了巨大贡献。他是个有勇有谋之人，因此常常作为先锋出战；他还协助刘秀严肃军纪，关心百姓的困苦。他为促刘秀聚拢民心，占领河北，提出了宽待囚犯、同民共利的计策。他还是个谦卑之人，从不因功骄傲，别人讨论谁的军功最大时，他就一个人躲在树下休息，从不参与讨论，因此得了个"大树将军"的名号。

投身汉军，因功封侯

冯异，祖籍河南宝丰，字公孙。他自幼就好诗书，并精通《左氏春秋》和《孙子兵法》。新朝后期，他任颍川郡郡掾，和苗萌一起驻守父城。

22年，攻打颍川的刘秀怎么也拿不下父城，后来侥幸捉住了在父城属县巡游的冯异。此时，在刘秀帐中做事的冯异从兄冯孝和冯氏族人都大力推举冯异。冯异也同意归顺刘秀，同时还允诺只要刘秀让其回到父城见母亲，就把五县送

给刘秀。没多久，冯异果真说服苗萌一起投靠了刘秀，而他举荐的铫期、叔寿、段建等人也在建立东汉的过程中立下了汗马功劳。

后来，刘秀想去治理河北，但刘玄属下都认为不妥。这时，冯异就劝说刘秀去交好左丞相曹竟的儿子曹诩。没多久，在曹诩的帮助下，刘秀被顺利派往了河北。刘秀到达河北后，冯异建议他借机聚揽民心，扩大自己的势力范围。刘秀听取了他的提议，到达邯郸后，就命冯异和铫期巡游各处，安抚当地群众。他们一路上讯察囚犯，平反冤狱，帮助孤寡老人，并不再处罚因犯法而自首之人。就这样，民心渐渐向刘秀聚拢。

23年冬，邯郸的王郎起兵造反，当地民众也都支持王郎，有人悬赏黄金十万取刘秀首级，刘

▼（东汉）铜轺车
轺车是一种用马拉行的轻便车。此车是雷台汉墓铜车马出行仪仗中作为前导的一辆战车。车长40.7厘米，伞盖圆，车舆方，取天圆地方之意。

汉纪 下　　　大树将军冯异

秀带着一百多人迅速南下。沿途险情不断，他们不能进城，只好在郊外食宿。到了河北饶阳无蒌亭时，北风呼啸，大雪不期而至，将士们饥寒交迫。后来，冯异在邻近的村落为刘秀讨得了热豆粥一碗。第二天一早，刘秀就对部下说道："我已不再感到饥寒，这全靠昨夜冯异送来的热豆粥。"

▲冯异像

26年，刘秀封赏功将，冯异因此成了阳夏侯。当时，关中民不聊生，本已占领汉中地区的延岑又起兵袭击长安西部，各郡县强权地主相继持兵自保，而缺少军粮的赤眉军的士兵也大多想向东回归。刘秀则命冯异代替在关中驻守多日而无战功的邓禹进入关中，掌管关陇地区的军队。

刘秀亲自送冯异到了河南，把七尺宝剑赐给了他，并说道："此次出兵，不要你攻城略地，只要你安抚民心。别的将士虽然也会打仗，却总在作战中抢夺民众的东西。你的属下都很听你的吩咐，所以你去了那里，关中的百姓就可以远离疾苦。"冯异领命直奔关中，一路上他善待百姓，得到了百姓的信任。

谦让不夸，战功卓著

冯异一向谦恭，从不居功自傲。他的军队以军纪严整享誉全军。每次安营扎寨时，将士们喜欢聚集起来争论谁的战功最大，此时冯异总会独自躲在树下歇息，因此将士们就称他为"大树将军"。

王郎被打败后，刘秀重新制订了作战计划。很多下级将士都想做冯异的手下，因此刘秀十分器重他。

接着，在刘秀和刘玄分道扬镳之时，冯异也在北平大败铁胫农民军，并逼降匈奴于林闟顿王。之后，刘秀想要收复并州，直取河北北部，为避免腹背受敌，就分别封寇恂和冯异为河内太守和孟津将军，一起抵御驻守洛阳的拥有三十万军马的更始王朝的李轶和朱鲔。

查得朱鲔、李轶二者素来有怨，冯异就先写信告诉李轶目前的情况，劝他不要和刘秀作对。李轶抵不住劝说，给冯异回信，承诺自此不再抵抗冯异，这使得冯异顺利占领了一些郡县。此后，冯异又将此事告知刘秀，刘秀有意透露给朱鲔，致使李轶被朱鲔所杀。后来，刘秀收伏了朱鲔，并在此后登基称帝。

那时，关中被一些割据势力和强权地主所占据，延岑离开关中北上后也自立为王，自称武安王。他集结了一些地主武装来围剿冯异，冯异带领将士大败延岑，延岑只得从武关逃到南阳，而残余的部属则相继归顺于冯异。三年过后，关中终于被平定了。

其间，有人奏明皇帝称冯异想拥军自立于关中。皇帝给冯异看了奏章，冯异赶紧向其表明心意，以感谢皇帝对自己的信任。后来，冯异还进朝与皇帝一起探讨铲除公孙述的策略。之后，皇帝让冯异和他的妻子一起返回关中。

这之后，消灭延岑、公孙述、隗嚣、卢芳等的战役也有冯异的一份功劳。

34年，长久以来一直带病坚持打仗的冯异终于身体不支，在军中逝世。冯异具有文韬武略，为东汉的建立立下了汗马功劳。他本人非常谦虚，从不因功自傲，实在是个不可多得之人。

少年读全景
资治通鉴故事 3

▶▶ 汉纪 下　　▶▶ 大树将军冯异

▶（东汉）青釉扁壶
通体施以青黄色釉，腹面刻画双线同心圆弦纹五圈，弦纹间饰以水波纹。整件器物造型新颖，制作规整，是东汉青瓷中的珍品。

汉纪 下　　耿弇平齐

新朝后期，以山东琅琊人张步为首的数千民众起兵造反，不断攻城略地。27年，张步将刘秀派来的使者杀死，自封为齐王，势力更加强大。刘秀铲除赤眉军后，张步势力就成了他最大的敌人。29年，刘秀命"云台二十八将"中的耿弇去攻打张步。耿弇采用出奇制胜、避重就轻等策略成功铲平张步势力，使得张步也归顺了东汉王朝。

少年有为，深谋远虑

耿弇，祖籍陕西兴平，字伯昭，新朝后期的上谷郡太守耿况之子。耿弇少时就已学《诗》《礼》，更因学习刻苦而闻名。他非常喜欢郡中每年年末的郡试和军事演习，因此很小就开始学习骑马、射箭，更希望做将领，并逐渐成长为一个有文韬武略之人。

刘玄即位后，即命将士去各郡县设立军事驻地，他们中的一些人就借此把郡县中的很多官员给撤了下来。耿况因为自己是王莽的旧吏而倍感焦虑，于是就让年仅二十一岁的耿弇带着礼物去面见刘玄，以求保住自己的官职。耿弇半路上得知王郎自立为帝，侍从劝他归顺王郎。耿弇却觉得王郎不过是个叛国之人，不值得投靠。可侍从们却不这么认为，他们全都投靠了王郎。

此时，耿弇得知刘秀正在河北地区作战，就决意去见刘秀。刘秀见过耿弇，觉得此人年纪虽小，却志向远大，就任命他为门下吏。一次，耿弇面见护军朱佑，提议要想平定邯郸就要先攻打上谷。刘秀知道此事后，更加看重耿弇，还常给他赏赐。

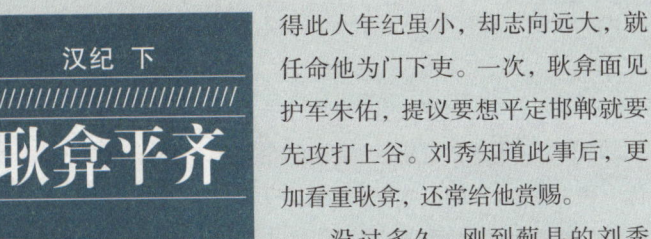

没过多久，刚到蓟县的刘秀军队遭到了王郎军队的追击。刘秀身边不足一百人，只得计划南下逃亡，于是就召集属下商讨对策。耿弇说道："此时我们不能南下，因为那里有追兵。主公，您的老乡是渔阳太守，我的父亲是上谷太守。只要得到这两个地方的帮助，我们就能掌控几万兵马，也就无须在意邯郸的王郎了。"刘秀的得力将领对此一致反对，但刘秀却准备接受耿弇的建议。

不料，当天夜里，刘秀在追随王郎的蓟县强权地主的追捕下，只得仓皇南下，其属下也都四散开来。和刘秀走散的耿弇逃回了上谷，并劝父亲让寇恂去渔阳和彭宠立下各发两千骑兵和一千步兵的约定。之后，耿弇、景丹、寇恂同渔阳郡的士兵一起南下，一路上杀死王郎的大将、九卿、中山、校尉等官员四百余人，缴获一百二十五枚印绶、两枚节杖，杀死三万敌军士兵，使得涿郡、

▶（汉）玉豹
豹、虎等猛兽在汉代被视作辟邪和护卫的象征。此玉豹身躯矫健，肌肉隆起，雕刻线条简洁、大气、明快，充满活力。

汉纪 下　　耿弇平齐

中山、巨鹿、清河、河间等二十二县被平定。不久，众人最终赶上了刘秀。

之前，上谷、渔阳两郡的兵马来救王郎的谣言四处流传。将领们为此都很担忧，可刘秀却认为一定是耿弇来投奔自己了。刘秀见了耿弇，立即封耿弇为偏将军，让他依旧统帅他原来的士兵，还任命耿况为大将军，并赐号兴义侯。之后，耿弇等人就开始攻打邯郸。

平定齐地，战功显赫

没过多久，耿弇建议刘秀离开刘玄，自己占领河北，争取统一天下。他对刘秀说道："我觉得您应该一统天下，现今刘玄为帝，他的家人亲戚也在长安胡作非为，而山东的各将领则各自为政。进而可知，刘玄的政权一定不会长久。"刘秀非常欣赏他的观点，因此封耿弇为大将军。接着，在耿弇等人的帮助下，刘秀平定了铜马、青犊等农民起义军。刘秀即位后，又封耿弇为建威大将军，并赐号好畤侯。随后，邓奉、延岑等割据势力也相继被耿弇击败。

26年，耿弇上奏刘秀表示自己愿意进攻齐地，并立誓除掉张步。此时，费邑大军受张步之命驻守历下，分一部驻守祝阿，并扎营于泰山到钟城的路上。耿弇却取道黄河，绕开了这道防线，向祝阿进攻。在攻城前，耿弇使计假意放祝阿城内驻军向钟

▶（东汉）青瓷堆塑亭台人物纹罐
质地为瓷，高85厘米，形制硕大，罐上堆塑众多人物，亭台釉质细腻，保存完好，十分难得。

▶▶ 汉纪 下　　▶▶ 耿弇平齐

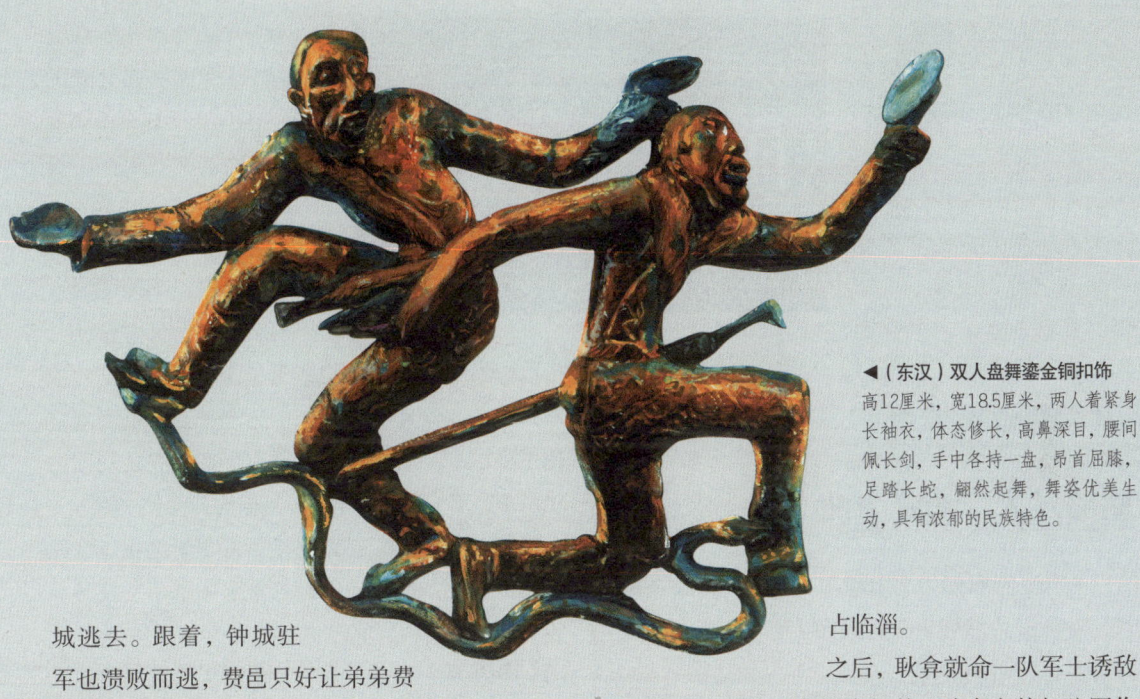

◀（东汉）双人盘舞鎏金铜扣饰
高12厘米，宽18.5厘米，两人着紧身长袖衣，体态修长，高鼻深目，腰间佩长剑，手中各持一盘，昂首屈膝，足踏长蛇，翩然起舞，舞姿优美生动，具有浓郁的民族特色。

城逃去。跟着，钟城驻军也溃败而逃，费邑只好让弟弟费敢撤到巨里。

没多久，耿弇就到了巨里城下。大军在城外安营扎寨后，耿弇命将士迅速备好夺城兵具，并扬言在三天后攻下巨里。他还命将士埋伏在从历下至巨里的路边，准备攻城时伏击前来帮助费敢的援兵。三天后，费邑真的前来援救弟弟。得知此事后，耿弇率军从高处突袭援军，并最终杀死了费邑，以其人头威胁城内守军。惊慌失措的费敢和属下只得丢城逃走，耿弇则趁机占领了城池。

之后，张步让弟弟张蓝携两万良将驻守在今山东淄博东北一带，还遣数十万人驻守临淄。此时，耿弇正攻打画中，它位于淄博和临淄间。淄博虽小却坚固，临淄虽大却易攻，耿弇扬言五天后攻打淄博，却在攻城当天便突袭临淄，半天时间就攻陷了临淄。

张蓝得知此事，就携军撤出淄博返回了剧县。张步知临淄已失，更难守住剧县，就集结二十万军马进行反击，想趁耿弇军心未定之时再占临淄。

之后，耿弇就命一队军士诱敌来袭。张步追到临淄东门外，耿弇在其与驻军作战之时，亲率良将从两面夹击张步，并最终大败张步。

此战中，耿弇的大腿被箭射中，他举刀砍断了箭继续作战。第二天，耿弇得到张步要撤逃的消息，就提前在张步要退逃的路上设下伏兵。张步一到，耿弇就开始进行攻击，并一直追到了钜昧水。

随后，刘秀来抚慰前线的将士，对将士们说道："从前有韩信夺历下，今有耿弇拿祝阿，这两地都在齐地西部。可韩信所袭为欲降之人，耿弇面对的却是顽强抵抗之人，所以韩信比不上耿弇。"之后，耿弇接着追击张步，并最终使其十万军马归降自己。

58年，五十六岁的耿弇病逝。

耿家除了耿弇战功赫赫外，耿弇之父耿况、弟耿舒、耿国、子耿忠、侄耿秉、耿夔、耿恭等人，也都为东汉立下了汗马功劳，可谓满门英豪。

汉纪 下
征南大将军岑彭

岑彭，"云台二十八将"之一，他参与了复建汉室的所有重要战役：平定河北，占领关东、洛阳，一统关中，激战隗嚣，消灭巴蜀割据势力。他除了骁勇善战之外，还是一个守信、宽容待人的人。正因为具备这些品行，他才能建功立业，并成为云台二十八将中的佼佼者。

韬略过人，劝降朱鲔

岑彭，字君然，南阳棘阳人。他自幼勤奋苦读，对各家兵书都十分感兴趣。他长大后，投靠王莽，成了棘阳县令。

新朝灭亡后，刘秀率军攻陷了棘阳县，岑彭只得携家人弃城逃到甄阜军中。但甄阜因他不能固守城池而斥责他，还关押了他的母亲和妻子，逼迫他在战场上戴罪立功。不久，甄阜阵亡，岑彭把母亲和妻子救了出来，并逃向宛城。

到了宛城，岑彭就立下和副将严说一起驻守的决心。其间，绿林军围剿宛城，可始终攻不下来。过了几个月，由于城内无粮，岑彭只得和严说降于绿林军。因岑彭下令死守宛城，害得绿林军吃尽了苦头，所以绿林军将士们都恨不得杀了他。但刘縯赏识岑彭的才华，又被他的忠心感动，于是说服刘玄免了他的罪。刘玄本来想杀了岑彭，但在刘縯的劝说下，不但没有杀他，还封他为归德侯。

刘縯被害后，刘玄把岑彭置于朱鲔帐下，任命他为校尉。岑彭随朱鲔打下淮阳郡后，被升为颍川太守。但因刘秀的族叔刘茂起兵占领了颍川，岑彭无法上任，他只得携侍从投靠了河内太守韩歆。

此时，刘秀起兵到了河内。韩歆自知不敌，只

▼（汉）漆绘铜盆

口沿外折，圆底，有四个衔环，通体光亮，盘外表面绘有战争叙事画，盘里为龙、鱼和卷云图案，龙口中含珠。

汉纪 下　　征南大将军岑彭

◀（东汉）玉带扣

得舍城归降。岑彭对刘秀说："如今群雄割据，您统一了河北，为统一天下创造了条件，这是上天的旨意，百姓的福分。早前我被刘縯所救，还没有报答他，一直很愧疚。现在碰上了您，我愿以死相报。"刘秀听完这番话，就把岑彭留了下来。

25年夏，刘秀向西直取洛阳，久攻未果。汉军进退两难时，刘秀想到了岑彭，于是命他去劝朱鲔归降。岑彭见了朱鲔，说："我很感谢大将军早前推举我做官，一直觉得该好好报答您。现在长安城内战争不断，更始帝朝不保夕。刘秀成了民众的依靠，归顺者众多。如今，刘秀统帅兵马攻取洛阳，您就算守住了此城，可您的未来在哪里？援军在哪里？您现在应该遵照天命，献城并归降于明君，才能建功立业。"岑彭这番诚恳之言让朱鲔最终选择了献城归降，于是朱鲔命人绑住自己，和岑彭一同出城见了刘秀。刘秀亲自解开了捆绑在朱鲔身上的绳索，封他为平狄将军。

奉命平叛，功勋卓著

26年，岑彭率军向南攻打荆州，并顺利地占领了十余座城池。大军接着向南进兵，大败许邯。刘秀因其立下赫赫战功而封他为征南大将军。

岑彭继续向南进军，占领了黄邮，又激战秦丰率领的农民军。秦丰的军队人多且士气旺，而岑彭的军队人少势弱，所以南攻受到了阻碍。随后，岑彭攻陷了实力较弱的山都，抓住了许多俘虏，不久又特意把俘虏放走，好让他们向秦丰借兵，支援山都。在秦丰支援山都时，岑彭派人暗渡沔水，突袭阿头山，攻取了秦丰的营地黎丘。秦丰勃然大怒，立即带兵回援，连夜攻打岑彭军营。岑彭早有对策，设下伏兵，大破秦丰军。接着，秦丰得到了以田戎为首的几万农民军的支援。岑彭得知后，速命手下分两队分别围攻黎丘和抵抗田戎，经过几个月的战斗，终于战胜了田戎，接着挥军攻打秦丰。这一仗打了两三年，岑彭军队终于消灭了秦丰主力。

35年，岑彭与大司马吴汉、诛虏将军刘隆、辅威将军臧宫、骁骑将军刘歆等将领打算攻打巴蜀，于是他们就在荆州集合了六万多南阳、武陵、南郡的士兵和桂阳、零陵、长沙的撑船将士。吴汉建议遣散撑船将士，理由是他们人数过多，会损耗太多粮食。岑彭却因蜀军强大而不同意将他们遣散。两人相持不下，因吴汉是主将，岑彭没法驳斥，于是干脆将此事奏明刘秀。刘秀得知后，下旨道："大司马习惯在陆上作战，因而不懂水战，这件事情由岑彭来主持，大司马不可干涉。"得到了刘秀的旨意，高兴的岑彭决定报答刘秀的赏识之情，誓死攻下巴蜀。进入巴蜀后，岑彭制定了严明的军纪，并命军中将士不可抢夺群众的东西。因此，他途经各地之时，受到了百姓的热烈欢迎。

岑彭攻到武阳之时，军队扎营于城外，当天夜里岑彭却被公孙述派来的刺客所杀。岑彭不幸去世后，他的部下都悲恸不已。刘秀也十分悲痛，下旨赐岑彭谥号为壮侯，并重赏了他的家人。

汉纪 下 — 光武帝平陇西

平定关中后，刘秀想要统一全国，要对付的割据势力就只剩下河西的窦融、巴蜀的公孙述和陇西的隗嚣了。可是势力正盛的公孙述很难对付，而窦融相对弱小、威胁不大，所以刘秀决定先聚集所有兵马对付隗嚣。

解除威胁，出兵陇西

在铲除赤眉军、消灭掉关东的各个势力后，刘秀想要平定陇西、巴蜀，以统一全国。

那时，河西、陇西、巴蜀分别被窦融、隗嚣、公孙述占着。刘秀采取先近后远的作战策略，决定先对隗嚣发兵，接着再对付公孙述。

30年春，刘秀命耿弇、祭遵等将领兵分多路向陇坻进兵。隗嚣速遣将领王元去占领陇坻，以阻挡汉军进攻。之后汉军取道渭北平原，越过陇山，向陇坻进攻，结果惨败。王元携军沿路追来，幸亏马武带领精兵在后面以死相拼，汉军才能够撤退。

之后，刘秀命冯异攻打栒邑。隗嚣则命王元、行巡携两万大军支援栒邑。知道此事后，冯异速命将士日夜赶路。将士们对他说："现在敌军势力强盛，我军应先避开它的主力部队。"冯异却不以为然："倘若行巡先占领了栒邑，我们的处境就被动了。我军只有先占据栒邑，并做好充分的准备，才能克敌制胜。"于是他命将士们加快步伐到达栒邑并将其迅速占领，然后紧闭城门。

这时，行巡还不知道冯异早已占领了栒邑，他急忙赶到栒邑时遭到了冯异的突袭。行巡大军顿时慌作一团，士兵四处逃散。冯异率军追击，大败敌军。此时，祭遵也打败了王元。之后，以耿定为首的北地地方势力相继脱离隗嚣，投降了汉军。

不久，窦融就派使者见刘秀，表示甘愿降于汉军。刘秀非常高兴，命其发兵河西，以夹袭陇西地区。窦融立即向金城发兵，并消灭了暗自勾结隗嚣的西羌封何的军队，使得隗嚣背面受敌。其间，刘秀对隗嚣内部的分化工作也在逐步加强，隗嚣军队的军心开始动摇。他觉得这样下去对自己不利，就想用缓兵之计暂时保住自己，于是他急忙送书给刘秀，表示之前与之交手都是属下的主意，与自己无关，并请求向刘秀称臣。被刘秀拒绝后，他只得遣使者向公孙述称臣。

31年秋，隗嚣率领三万兵马攻打安定，却在阴槃遭到了冯异的阻挡。隗嚣又兵分几路攻取藉县，却又遇到祭遵的阻拦，最后只得无

◀ 汉光武帝刘秀像

汉光武帝刘秀长于用兵，善于以少胜多，出奇制胜，登基后勤于政事，文韬武略兼备，为帝豁达大度。

▶▶ 汉纪 下　　▶▶ 光武帝平陇西

(东汉)墓室壁画《君车出行图》
这幅画绘于墓室壁上，场面十分宏大。复杂的人马出行场景被安排组织得颇有条理，繁而不乱，体现了壁画作者控制画面构图的高超水平。

果而回。这时，隗嚣的部下王遵投降了刘秀，并被升为太中大夫。之后，刘秀逐渐聚拢陇西的将士，瓦解了隗嚣的大军。

两军相持，击灭隗嚣

32年春，刘秀趁隗嚣不备，开始对其发动进攻。他命来歙和祭遵率部攻击略阳，以切断隗嚣后勤补给线。其间祭遵因病而回，来歙只得率领两千多名将士艰难行进，并最终占领了略阳。

隗嚣闻得略阳被占，担心汉军会借此发起猛攻，就急命将领王元驻守陇坻，行巡驻守番须口，王孟驻守鸡头道，牛邯驻守瓦亭，他自己则亲率几万兵马反攻略阳。

此时，公孙述也率兵赶来支援。他集合兵力劈山筑堤，准备水淹略阳。来歙率军严防死守，挡住了敌军的多次猛攻。几个月下来，隗嚣依旧没有攻下略阳。他手下的将士们早已疲惫不堪，军中士气低下。刘秀得知后，急命各路汉军支援来歙。

汉军到了略阳，直击隗嚣侧背，使得隗嚣军四散而逃。隗嚣见形势不利，马上命王元去求助于蜀军，并率残部退到西城。刘秀便又率军攻打西城。这时，东方颍川的残余农民军发生叛乱，接着河东守军也跟着叛乱。由于形势危急，刘秀只得让吴汉、岑彭接着围剿隗嚣，自己则匆忙赶回了洛阳。

西城快被攻破时，王元、行巡率领借于蜀中的五万兵马，袭击汉军腹背，他们还谎称自己有百万大军，使得汉军乱作一团。王元和行巡趁乱救出了隗嚣，接着就向冀县逃去。这时，汉军因为少粮缺衣，已经不能再战了，吴汉只得率军撤退。如此一来，隗嚣重新占领了陇西。

33年，隗嚣郁郁而亡。同年秋，刘秀派遣来歙率领大军攻取陇西。此时，陇西的驻军士气已经很弱。34年秋，汉军打败了陇西军，王元带着少数兵马向蜀地逃去，后被公孙述留用。这时，平陇战役已经进行了四年。

平定陇西的战争中，刘秀几乎动用了所有的开国良将，由此可见，这一战打得实在是艰难。平定陇西后，汉军就可以坐镇此地攻打南面的公孙述、西面的羌人部落和北面的匈奴了，所以此次战役为东汉日后的大一统打下了根基。

汉纪 下　光武帝平公孙述

汉纪 下
光武帝平公孙述

新朝后期，天下纷争不断，公孙述自封为辅汉将军和益州牧，凭借着蜀地的富庶，大肆招兵买马，操练士兵，西南的少数民族也纷纷向他进贡。他觉得巴蜀地区地形险峻、物资富足、人口众多，因此根本不害怕汉军来袭。刘秀占领陇西后，就开始大举向巴蜀地区进攻。

挥戈伐蜀，初战不利

收复陇西后，刘秀开始计划除掉公孙述。他知道巴蜀地区东靠三峡，北依巴山，易守难攻，于是就制订了水陆并进、先取成都的战略方案。他命令岑彭、吴汉带领荆州的兵马沿长江逆流而上向，还派遣大将来歙带领陇西军自天水直取河池。

这时，巴蜀的所有作战重地已经都归公孙述统辖。当刘秀在关东、陇西作战之时，他就尽力扩大统领范围，还留用溃逃至蜀地的延岑、田戎、王元等，并且和关中的强权势力首领吕鲔、张邯等人结盟，此时他的军队人数达到了几十万。

35年春，刘秀命大司马吴汉带着六万多名兵卒赶去援助岑彭带领的东路军。同年夏，来歙的北路军开始攻打蜀地，并大败公孙述派出的阻止汉军南袭的王元、环安军，占据了河池、下辨。但不久后，来歙被公孙述设计杀害，使得北路军士气受损。

随后，岑彭开始进攻江州，江州城坚不易摧，他就命属下冯骏驻守此地监督田戎军的情况，自己则亲率大部队向北直取平曲。

汉军一步步逼近，让公孙述非常震惊，他命王元速率军南下援助，并在成都附近聚集主力部队，防止成都被袭，又派遣侯丹携两万兵马驻扎于今重庆江津一带，以协助王元。其间，他为了强化北部的防守，还命其弟公孙恢驻守绵竹、涪城。

◀▼（东汉）广陵王玺金印
通高2.12厘米，边长2.375厘米，重122.87克，黄金制造，上立龟钮，印面用篆书刻有"广陵王玺"四字。东汉初，光武帝刘秀第九子刘荆被封为广陵王，此金印系封爵时朝廷特赐。

汉纪 下　　光武帝平公孙述

▲（东汉）"赋税"画像砖
四川汉代画像砖不仅具有高超的艺术成就，更蕴含着丰富的历史价值。从幻想中的仙人世界到人间贵族的享乐生活，再到劳动者的艰苦耕作，各种对象、各种场景无不被汉代艺术家所取用。

　　岑彭得知敌情后，及时调整了作战计划。他将军队分成两路。其中一路以臧宫为首领，向平曲上游进兵，以攻击王元、延岑率领的蜀军；其余重要部队则由自己率领，自江州逆水向西，进而攻取黄石，打败侯丹所部。之后，他们又日夜赶路，急行一千多里，占领了武阳。其间，他为了进攻成都，还命精兵良骑突袭巴蜀的中心地带——广都。

　　岑彭率主力部队离开后，臧宫率领的汉军由于缺少粮食而发生骚乱，众多士兵开始计划出逃。臧宫原想带领将士们撤回营地以补给粮食，可又害怕蜀军借此机会追击他们。

　　危难之时，刘秀派遣来支援岑彭的军队刚好经过，臧宫顿时心生一计，就谎下命令把这些士兵带的七百多匹马和其他东西全部分给了自己的军队。接着，臧宫就让部队日夜赶路，一路上，他命人在各处插上旗帜，并登山击鼓让敌军把他们当作疑兵，而主力部队则在他的带领下，按照他的命令——步兵走右岸，骑兵走左岸，水军在江中乘船，沿江快速赶路。

　　蜀将延岑得知汉军已经来了，赶紧登山远眺，只见汉军浩浩荡荡，规模庞大。臧宫率军袭来，蜀军最后战败，众多将士或被杀死或溺水而死。最终，除了延岑逃到成都外，十几万蜀军都归降了汉军。汉军趁机穷追，并在平阳俘虏了王元，使得他最后归降了汉军，此后臧宫又带领军队直取成都。

　　不甘心战败的公孙述命人杀死了岑彭，汉军只得在短时间内撤出武阳，但这并没有给公孙述带来新的希望。汉军人才众多，岑彭死后，刘秀命吴汉替代他，继续率军讨伐蜀地。

汉纪 下　　光武帝平公孙述

重整旗鼓，平定蜀地

36年，吴汉在鱼涪津打败了蜀将魏党和公孙永的部队，接着就率军围剿武阳城。公孙述调集军队前去支援，但援军却几乎全军覆没。

吴汉受刘秀之命，带领将士绕过诸县，直取广都，进入敌人的中心地区，接着又命快骑烧毁了成都市桥，切断了敌军的退路。蜀军知道后十分惊恐。不久冯骏占领江州，俘获了蜀将田戎。

此时，刘秀对吴汉说道："我们先让将士们好好休息，倘若敌军来袭，我们就能痛打敌人；倘若他们不来，我们就步步向敌军逼近，等到敌军精疲力竭之时，我们再急速进兵。"可急于获胜的吴汉亲自率领两万步骑扎营在了离成都几里的江北，还命副将刘尚带领将近一万人马在江南驻守。刘秀得知后大怒，急命人去指责吴汉，让吴汉马上撤回广都。他认为吴汉和刘尚分开驻扎，敌军就会采取分而攻之的策略。

这时，公孙述已命谢丰带领十万兵马，兵分多路，从四面围攻吴汉的军队；他还命大将带领一万多兵马攻击刘尚，使得他们没有办法互相支援。最后，蜀军团团包围了吴汉的大军。吴汉赶紧集结众将商讨突出重围的办法，最后他们决定不作战，并在每个营地插上很多旗帜，同时还点燃了很多木头，以保证烟火不断，借此扰乱蜀军。

当天夜里，吴汉就带领将士们偷偷移向江南，蜀军见汉军营内四处插满了旗帜，烟火也没断过，觉得汉军还在营内。天亮的时候，吴汉所率部队与刘尚军队汇集一处，开始攻打蜀军，谢丰最后战败而亡。

之后，吴汉八次战胜蜀军，汉军也占领了成都的外城。没多久，汉将臧宫带领军队也赶到了成都城外。

危急时刻，公孙述把召集来的五千人敢死队给了延岑。接着，延岑假装攻打市桥，并派主力从侧面突袭汉军，吴汉战败。这时，吴汉军中的粮食已经没有多少了，可他仍坚持不撤退。

十一月，在成都西北的咸门，延岑带领敢死队抵挡臧宫的大军，最终汉军三战三胜，完全击垮了延岑军。此时，公孙述亲自率领几万兵马攻打吴汉，结果战败。此次战役中，公孙述因受重伤而于当天夜里死去。无路可走的延岑只好献城降于汉军。至此，汉军终于完全灭掉了蜀国。

这一战是中国古代战争史上沿三峡进入四川并巧妙运用江河的实际距离往返作战的出色战役。其间，公孙述先后派人暗杀了汉将来歙与岑彭，但还是没能摆脱覆亡的命运。

公孙述死后，刘秀基本统一了天下。

▲（汉）玉蝉
汉代玉蝉大都用作口含的葬玉，多用新疆白玉、青玉雕成，质地很好。此玉蝉蝉身成正菱形，形象简明，头、翼、腹用粗线刻画，寥寥数刀，十分传神。

汉纪 下　　光武中兴

汉纪 下
光武中兴

刘秀一统天下后，以前史为鉴，采用"柔道"管理国家，并陆续采用了一系列强化君主权力、缓解阶级矛盾和休养生息的政治策略，为恢复和发展社会经济打下了坚实的根基，使得东汉早期的八十年间国家富庶，百姓安乐。因此，后人把这段时期称为"光武中兴"。

统一政权，巩固统治

刘秀重建汉室后，为了使政权稳定，陆续实施了一些政策。

第一，整饬吏治，加强君主专制的中央集权。刘秀虽然大封良将为侯，赏赐他们丰厚的财物，但不允许他们干涉朝政，还大肆限制诸侯王和外戚的权力。他为了独揽大权，下令全国的政务都由尚书台处理。他还强化了监察机制，提升了御史中丞、司隶校尉和部刺史的权力和地位。另外，刘秀还下旨规定了选拔官员的条件：要有崇高的德行，出身要好；要博学多才，通晓《诗》《书》；要谙习各种法规政令，能够娴熟地处理政事；要有才能，遇事沉稳，能独立处理事情。全国的官员在选拔贤士时，都要完全以这四条为准绳，倘若有人违背，一定会被治罪。

第二，简化机构。30年，刘秀下旨命全国各地减少官员人数，全国共合并了四百多个县，精简了十分之一的官员。这些政策加强了皇权，有效地促进了封建官僚机构行政效率的提高，使刘秀真正做到了"总揽政纲"。同时，西汉时制定的地方兵制也被刘秀废除了，他还取消了地方军队，并让中央军队负责地方防务。

第三，号召天下人尊敬孔子，崇尚儒学，以强化思想统治。刘秀刚登基时，就设太学，还亲自参与讲学。之后，他还特意命大臣去拜祭孔子，并赐孔子后人孔志褒成侯之号，以示自己尊敬和推崇孔子。儒家的谶纬之说可以强化君主对百姓的思想统治，更得到了刘秀的高度尊崇。同时，刘秀还以西汉后期很多追逐名利的官员、贤士都归顺于王莽为鉴，重重封赏了

◀（东汉）"长乐"镂雕螭纹璧
青玉，局部有褐色沁，半透明，壁体圆整，中间有孔，壁面花纹分内外两区，内区饰以乳钉纹，外区雕以螭纹，螭纹盘绕而上，突伸至壁体外，外区上下端镂雕"长乐"二字。

汉纪 下　　光武中兴

在新朝时归隐的官员和贤士,并称赞他们品德高尚,借此来培养朝中官员、世间贤士重视品德和节操的习气。

第四,与少数民族休兵和解。大将马武提议出兵攻打匈奴,刘秀对他说:"现在国家刚刚稳定,社会经济还没有恢复,怎么可以再行远征呢?"这明智的决定,使得东汉初年的边境情势非常平稳,南匈奴没有作战即归降汉朝,北匈奴也以和亲示好,其他西域各国也纷纷称臣纳贡。

◀（汉）银盒

通高12.1厘米,盖径14.3厘米,腹径14.8厘米,重572.6克,盖身相合处上下边缘各饰一匝穗状纹带,出土时里面还有半盒药丸。此银盒与汉代的中原银器有明显差异,应该是从西亚波斯帝国传入中原的舶来品。

注意民生,与民休息

东汉建立之初,天下因为遭受连年战乱,民不聊生。为此,刘秀采取了以下措施来恢复国家的经济。

第一,释放奴隶。西汉后期以来最严峻的社会问题就是奴隶问题。新朝和农民起义不断之时,许多人因被掠走、贩卖而成了奴隶。为了解放生产力,刘秀即位后,先后九次下旨释放奴隶。诏书中指出,倘若被卖做奴隶的人同意回到父母家,而奴隶的主人却不放人的话,奴隶的主人就会依法获罪;若有人杀死奴隶,则其罪刑不可减免,烫伤奴隶的人也要依法获罪;同时,他还撤销了奴隶伤人要被处死的刑律。这些举措使得众多奴隶成为平民,回到乡村,对生产起了推动作用。30年,田地的荒芜现象渐渐有所好转。刘秀在位后期,全国户籍上的人口已经超过了两千一百万。29年,刘秀还将"十税一"的田租改为"三十税一",使田租和西汉"文景之治"时一样,以减轻农民的负担。

第二,倡导节俭,减轻刑罚。刘秀即位后,不穿华服,也不听曲调妖娆的乐曲,还下旨命全国所有的官员都不许进献奇珍异宝。他把地方官进献的宝马拿去驾鼓车,还把值几百两黄金的名剑送给骑兵。他从不建造豪宅,也不组织耗费大量人力、财力的狩猎活动。他还下旨在全国实行"薄葬"。他驾崩之前,就嘱咐后人给自己办一个简单的葬礼,就像西汉文帝那样,陪葬品不用金银铜锡,只要瓦器即可。刘秀还废除了很多酷刑。

第三,停止作战,休养生息。东汉建立之初,由于连年战乱,民不聊生,生产也停滞不前,人口更是大幅度减少,因此刘秀采取了休养生息的措施。自从统一了陇西、巴蜀后,刘秀再也没有进行过征战。31年,刘秀又精简了军队。他下旨说道:"今国有众军,并多精勇,宜且罢轻车、骑士、材官、楼船士及军假吏,令还复民伍。"因此,众多兵卒重返家乡,开始种田。刘秀的措施不仅缩减了军队的支出,也使得农业生产劳动力大大增加。

在刘秀及其继任者明帝、章帝的共同努力下,东汉前期人心安定,社会稳定,百姓的生产积极性很高,社会经济很快就得到了恢复和发展,人口每年都有所增加,这一时期被后代的史学家称为"光武中兴"。南宋诗人陈亮曾以"自古中兴之盛,无过于光武"来歌颂这一时期的辉煌。

汉纪 下　　治世能臣寇恂

汉纪 下
治世能臣寇恂

西汉初年，张良、萧何等都是开国功臣。东汉建立之时，也有这样的功臣良将，其中就包括寇恂。寇恂精通经术，品德高尚，他不仅可以管理地方，还可以独自处理军务，可谓能文能武。他还是个舍己顾国之人，因此有着颇高的名望。那时，很多人都很钦慕他长者的气势，并认为他的气度和才华胜过萧何，因此称他为"赛萧何"。

镇守河内，保障供给

寇恂，祖籍北京昌平，字子翼，生于强权世家。新朝后期，他任上谷郡功曹，辅助太守处理郡事，因才华过人、果断坚强而受到太守耿况的重视。

更始政权建立之初，刘玄命使者去河北各郡招降，并承诺先归降的人可以继续任职。使者来到上谷郡时，出来迎接的是耿况和寇恂，他们交出了太守印信。可是使者看后并没有归还，于是寇恂就带领部下拿下了使者，抢回了印信。

没多久，王郎在邯郸起兵，并命使者去上谷郡招兵。寇恂以刘秀礼贤下士、民心所系为由，说服耿况回绝王郎，归附刘秀，可耿况却担心自己很难阻挡王郎的强大势力。为此，寇恂就提议和渔阳太守彭宠联手抗击王郎，耿况接受了寇恂的建议，命他赶去渔阳。和彭宠商定好后，寇恂就返回上谷郡，途经昌平时，他趁王郎使者没有留意之机杀死了他，接着就和耿况之子耿弇一起向南追赶刘秀。刘秀与他们会合后，封寇恂为偏将军。之后，寇恂跟着刘秀一起攻打河北农民军。在作战时，他常和邓禹商讨策略，邓禹觉得他是个非常有才华的人，因此二人私交甚笃。

刘秀铲除王郎、大败铜马军、平定河内并与刘玄决裂时，河北刚刚平定。接着，他想铲除北方的十多支农民军，可想到驻守黄河对岸的洛阳的是刘玄的大司马朱鲔，他便知道河内很难守住。于是，刘秀就和邓禹一起商议派谁

▼（东汉）水田附船陶器
出土于广东佛山澜石汉墓，模型呈横长方形，上面有水田六方，田中有扶犁耕田、磨镰收割、插秧堆肥等泥塑形象，水田后方有小船一只。它生动地展现了东汉时珠江三角洲一带的农业生产情景。

汉纪 下　　治世能臣寇恂

驻守河内，邓禹说："前朝的高祖让萧何留守关中，因而不再担忧西面，才能集中全力攻打山东，并最终实现了统一大业。现在，河内人口充足，它北边连接上党，南边邻近洛阳。寇恂是个文武兼具之人，我觉得只有他才能担此重任。"

于是，刘秀就命寇恂担任河内太守一职，并给了他大将军的权力。寇恂没有让刘秀失望，他在守住河内的同时，还将军需用品源源不断地送到前线，既稳定了后方，又援助了前方。

朱鲔听说刘秀北伐，便想借机占领河内，于是命其大将苏茂、贾彊带领三万兵马渡过巩河，袭击温县。寇恂得到警报后丝毫不惧，急命全军和各下属县的将士们在温县会合，一起阻挡敌军。寇恂奋勇抗击，终于战胜了敌军，并一直追击敌军到了洛阳城下，处死了贾彊，还俘虏了将近一万敌兵。刘秀得知朱鲔要占领河内的消息，可他毫不担心。果真，没多久寇恂大败敌军的文书就到了。刘秀高兴地说："我果真没有用错人哪！"

后来，刘秀为平定洛阳而回到了河内，寇恂请命去前线作战，刘秀认为河内不可以没有寇恂，就不予批准。寇恂没有办法，就让自己的侄儿寇张、外甥谷崇带领精兵良骑做刘秀的先锋军。刘秀大喜，遂封两人为偏将军。

执法刚严，治民有方

刘秀即位后，大将贾复带领大军驻守汝南，后来他的属下在颍川杀了人，被时任颍川太守的寇恂处死。那时，法律条文杂乱，将士触犯法律后大多不用受罚，因此贾复认为寇恂是有意和自己过不去。没多久，他奉命奔赴洛阳，途经颍川。在去洛阳之前，贾复曾对随从说："寇恂和我都是将

▲（汉）镶金蚌耳杯
出土于青海西宁汉代墓葬，长13.7厘米，宽7.6厘米，高3.6厘米，杯身为完整蚌壳，口沿和双耳镶有金箔。

帅，可我的属下却被他害死了，我怎么能忍受这种侮辱呢？一旦我见了他，我一定会置他于死地。"

寇恂早就知道他会这么做，本来不肯见他，可又怕这样太失礼。谷崇想要持剑保护他，可他认为这样的敌视态度实在不妥，他说："从前，蔺相如不害怕秦王，却屈服于廉颇，这是为了国家。小小的赵国，就有这样的仁义之人，我又怎能输给他呢？"于是，他命人备好酒宴，好好招待贾复和他的将士们，还亲自接待贾复，并且没有等到贾复动手，就先称病离开。贾复想要追击他，但将士们都大醉，他只得回到洛阳。刘秀知道后出面调解，使这两人消除了误会并成了好友。

27年，刘秀封寇恂为汝南太守，并命骠骑将军杜茂辅佐寇恂讨伐窃贼。不久，他们就顺利地消灭了当地的窃贼。接着，寇恂建立学校，并礼聘优秀的教师授课。

31年，刘秀封寇恂为执金吾。

36年，寇恂去世。

寇恂深谋远虑，遇事果断，既擅长治理地方，又善于作战，文武兼备，为东汉立下了不可磨灭的功劳，也因此受到人们交口称赞。

汉纪 下　　伏波将军马援

汉纪 下
伏波将军马援

马援是东汉良将，平生战绩卓越。东汉建立之初，他助刘秀战胜了隗嚣，随后出兵西域，征服了羌人，后又南取武陵，铲除了蛮族，成为东汉建立的功臣之一。马援待人和善，对部下也十分宽容，因而得到部下的拥护。他一生为国鞠躬尽瘁，在白发苍苍之时，仍请求带兵出征，最后病死战场，为后人所赞叹。

助攻隗嚣，平定羌人

马援，字文渊，扶风郡茂陵人。其先祖是赵国的良将赵奢，赵奢曾被赐封号"马服君"，于是他的后人都以马为姓。

马援十二岁丧父，他不想靠兄长生活，准备去边郡耕作放牧。可马援还没出发，其兄马况就离开了人世，马援在家乡为哥哥守了一年孝。这一年内，马援从未远离兄长的坟墓。一年后，马援只身去了北地郡。因驯养得力，没多久马援就成了有数千头牛羊的富户。但他的生活依旧很简朴，有人对此不理解。他说："这些积累来的钱财，用来接济贫困之人才最有用，否则我不过是个守财奴罢了。"

不久，他投靠了陇西的割据势力隗嚣，后来和隗嚣一起归降了刘秀。32年，刘秀亲征陇西。途经漆县时，一些将士觉得无法判明前方状况，不应入敌深处，刘秀对此也犹豫不定。马援则认为，隗嚣的属下已经开始四分五裂，倘若借机攻击他们，一定会大获全胜。说着，他让人拿了些米来，并在刘秀面前用米堆出了山峰沟谷。马援指着这些山谷，分析每一路军队进退的路线。刘秀大喜，决定出兵，并最终收复了陇西。

35年，陇西多次遭到羌人侵袭。刘秀封马援为陇西太守，抗击羌人部落。马援一上任就整治军队，并率三千步骑兵在临洮战胜了羌人，杀死了几百人，缴获了一万多头牲畜。八千多名羌人望风而降。此战中，马援被飞箭射中。刘秀闻之，命亲信前去探望，并赏给他几千头牛羊，而马援则把这些物品都分给了自己的属下。

37年，武都参狼羌（羌的分支之一）和塞外部落共同起兵反叛朝廷。马援携四千兵马赶去围剿，切断了羌人的水源，掌控了草地，迫使数十万羌人大军向塞外逃去。自此，陇西安定下来。

远征交趾，南征武陵

41年，东汉附属国交趾一个名叫徵侧的女人犯

▶ 伏波庙
伏波庙位于广西横州，是东汉章帝建初三年（78年）民间为纪念伏波将军马援而建的。现在的庙是清初在原有基础上改建而成的。

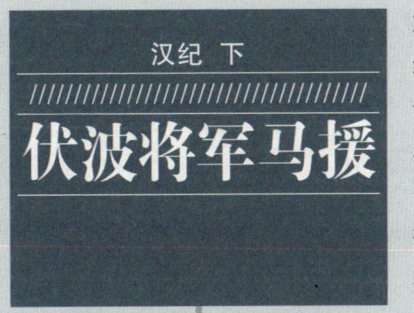

少年读全景
资治通鉴故事 3

▶▶ 汉纪 下　　▶▶ 伏波将军马援

了法，被太守追捕，于是她就带领族人发起叛乱，民众纷纷投靠她。此后，她占领了六十多座城池，并在交趾自封为王。

刘秀封马援为伏波将军，命其率军讨伐徵侧。42年春，马援的军队在浪泊大战中重挫敌军，杀敌数千人，将近一万敌军归降汉军。随后，马援趁势追击，在禁溪地区多次战胜徵侧，敌军四处逃散。

43年初，马援斩杀了徵侧。为此，刘秀下旨赐马援新息侯之号。之后，马援带领两万多士兵、两千多艘大小楼船去攻打徵侧的残部，汉朝的南方疆域也因此扩大了很多。马援在新的疆界线立了两根写有"铜柱折，交趾灭"的铜柱。

44年秋，马援带领大军胜利回朝。一个多月后，匈奴、乌桓攻打扶风。马援上奏请求出兵，刘秀答应了他的请求，并命百位朝臣前去饯行，以示对他的重视。马援的军队扎营于襄国，乌桓军得知后马上撤回其国内，而马援则班师回朝。

北方刚安定下来，南方武陵五溪的少数民族又起兵造反，刘秀派兵征剿了两次，均大败。这时，时年六十二岁的马援请求出征。刘秀以马援年迈为由拒绝了。可马援没有死心，他穿上铠甲，骑上战马，在刘秀面前威风凛凛地骑了一圈。刘秀见此情形，只好答应了。马援第一次出战就大败敌军，但他的队伍在途中被困于山中，此时正逢瘟疫肆虐，很多将士病死，马援也染病了。这时，马援属下上奏朝廷说马援指挥失误。刘秀大怒，命梁松前往探查原因。

梁松刚到武陵五溪，就得知马援已经去世。他素来与马援不和，于是编织各种罪名诬陷马援，指

▲（汉）东王公西王母铜镜
圆形，宽沿，正面平整光滑，背面中心有一半圆形钮，圆形钮之外装饰有联珠纹带、吉祥文字带、东王公和西王母以及青龙白虎为主要内容的浮雕图案，十分精致。

责马援没有正确的作战部署，南下征讨交趾时曾独吞大量金银珠宝。朝中多数大臣也都纷纷附和，刘秀听后气愤不已，下旨削去了马援的爵位。

马援的家人并不知出了什么事，只简单地埋葬了马援，接着一家人上朝认罪。刘秀给他们看了梁松的奏章，他们才知道事情的前因后果。事实上，马援只是从交趾带回来一些可以医治风湿病的薏苡。马援的妻子为了替马援申冤，六次上书皇帝，刘秀最终命人重新厚葬马援。

马援为人忠诚，一生南征北战，安定边疆，为东汉统一全国及稳定西南边境做出了重大贡献，受到后人景仰。不过他受奸人诬陷，死后还受到不公平的指责，也着实令人气愤。

汉纪 下

强项令董宣

董宣知识广博，机警干练，为人正直，执法严明，因而常常遭受权臣们的陷害而不断被贬职。在担任洛阳令时，他不惧权贵，严惩恶徒，铲除强权势力，震惊了整个京师，因而得到了"卧虎"的称号。董宣除了重惩不法的强权贵族外，从不向刘秀屈服，因此被刘秀称为"强项令"。

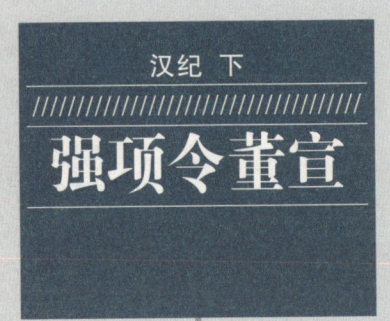

北海惩恶，正气凛然

董宣，字少平，陈留郡国人。他知识广博，为人正直，机警干练。刘秀登基之初，司徒侯霸非常赏识董宣，推荐他做官。随后董宣奉命治理北海。

那时，出身士族的当地武官公孙丹因朝中有人帮忙而权倾一方。一次，公孙丹要建造房屋，就请一名占卜师测算吉凶。占卜师认为屋子建成后公孙家会有人暴毙，化解的办法是让别人代替公孙家的人而死。相信了占卜师的话的公孙丹就计划让其他人来代替自己家的人而死。之后，这个恶徒果真让自己的儿子把一个过路的人杀死，并将其尸置于新房内，以避凶解难。

董宣得知此事后愤怒不已，立即命人查明此事的经过，并下令缉拿了公孙丹父子二人，将其斩首示众。当地民众无不叫好。但这件事并没有了结。公孙氏是个大家族，其族人向来横行霸道，根本就不在乎王法，他们私下聚集了几十个人，拿着兵器攻进了府衙。董宣知道此地治安不太好，而公孙丹曾经追随过王莽。他担心公孙丹的残党会和海盗串通一气来伤害百姓，因此抓捕了公然闹事的人。不久后，他让属下水丘岑斩了这些恶徒。

青州知府知道这事后，以董宣草菅人命为由奏请刘秀逮捕董宣和水丘岑。最终二人被判了死刑。董宣知道自己命不久矣，但并未悲伤害怕，反而每天在狱中诵诗唱曲。行刑当天，府衙送来吃食，董宣却拒绝食用，他大喝道："我这辈子从来

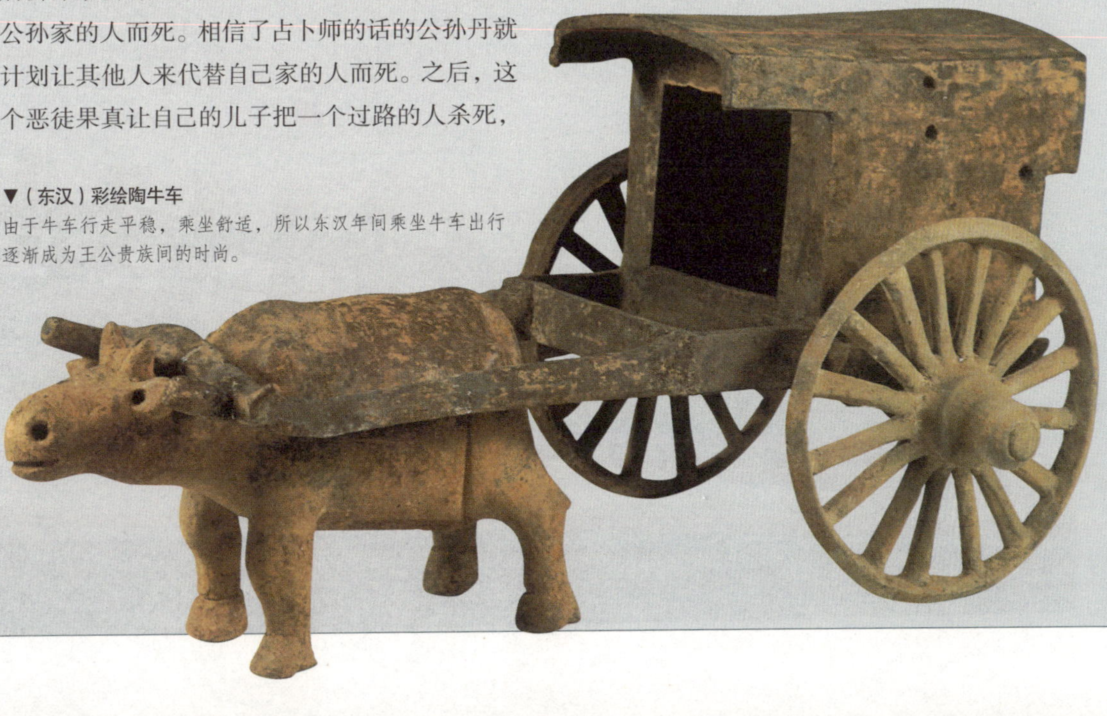

▼（东汉）彩绘陶牛车
由于牛车行走平稳，乘坐舒适，所以东汉年间乘坐牛车出行逐渐成为王公贵族间的时尚。

少年读全景 资治通鉴故事 3

▶▶ 汉纪 下　　▶▶ 强项令董宣

没吃过他人之物，即使要行刑了也一样。"说完，他坦然地上了囚车。

就在刽子手的刀要落下之时，刘秀命人宣布暂免董宣死罪，押回牢里。使者询问董宣为何草菅人命，董宣详细叙述了公孙家案件的经过，并表示让水丘岑杀人是自己的命令，应由自己一人承担所有处罚，并希望朝廷详查此案，以保住水丘岑的性命。使者将案情禀明了刘秀，刘秀觉得董宣没有做错什么，只是杀人太多，就将他降职为怀县县令，并赦免了水丘岑。

当时在江夏地区有一伙盗匪，首领是夏喜。这伙盗匪常常挑起事端，民众对此苦不堪言。于是，刘秀让董宣改任江夏太守。董宣还没上任，就命人在郡内贴出告示，说："皇上封我为太守，是因为他觉得我是个缉拿盗匪的高手。现在，我已到任，那些胡作非为的盗寇也该好好为自己考虑考虑了。"这些盗匪早就知道董宣的厉害，非常害怕，四散而去。此时，担任江夏郡都尉的是外戚阴氏，董宣没有讨好他，反而时时轻慢他，因而很快就被免去了官职。

刚正不阿，强项抗命

没多久，京都洛阳的治安开始混乱起来，这主要是由于此处世家子弟处处可见，强权恶徒也常常滋事。刘秀对此非常伤脑筋，此时他想到了董宣这个铁腕官，就封其为洛阳令。

湖阳公主是刘秀的姐姐，她素来专横跋扈，还养了一些心腹。湖阳公主随意抢占民田，欺侮百姓，即使是刘秀也惧她三分。她的心腹管家更是以她的名义四处作乱，还在众目睽睽之下杀害一名无辜的百姓。董宣知道后，立即命人捉拿真凶。可是这个管家在事情发生后就一直藏在湖阳公主的府第。由于公主的包庇，董宣的下属几次都吃了闭

▼（东汉）龙骨水车模型
此具又叫翻车，是一种灌溉工具，由手柄、曲轴、齿轮、链板等部件组成，最初以人力为动力，后发展到以畜力、水力和风力等为动力。它极大地促进了古代农业生产的发展。

少年读全景 资治通鉴故事 3

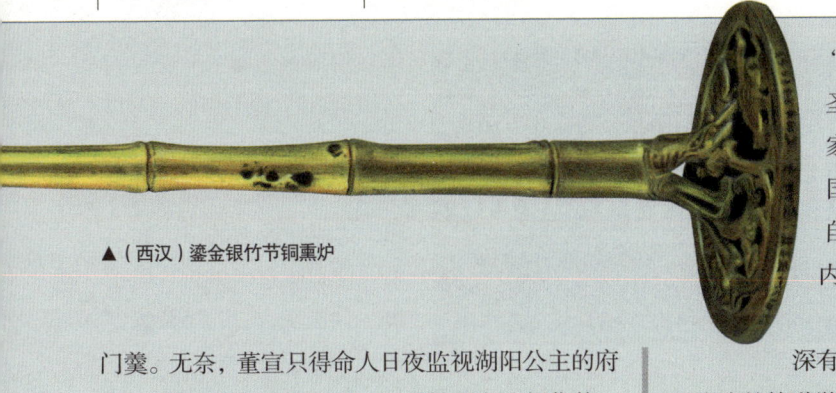

▶▶ 汉纪 下　　▶▶ 强项令董宣

▲（西汉）鎏金银竹节铜熏炉

门羹。无奈，董宣只得命人日夜监视湖阳公主的府第，并命属下只要杀人者一露面就想办法捉住他。

过了几天，那个管家觉得此事已过，就放心大胆地随公主出去郊游了。董宣知道此事后，立即率属下挡住了公主的车队。董宣大声斥责公主包庇犯人，并怒斥那个管家，随后将其处死。湖阳公主来到皇宫，哭着向刘秀禀明了一切。刘秀非常气愤，即刻召见董宣，并命卫士当即处死他。董宣说："我只要说完一句话就可以受死。"刘秀道：

"说吧。"董宣激昂地说道："皇上圣德，使国家中兴，却纵容公主的家仆肆意杀人，这么做又怎么管理国家呢？不用别人来行刑，我还是自杀了事吧。"说罢，他一头向宫内的柱子撞去，当场头破血流。

刘秀反复思考着董宣的话，内心深有触动，就对董宣说道："你给公主叩个头就算道歉了，我就不责罚你了，此事也就了结了。"可董宣却不肯叩头道歉。刘秀觉得自己面子上有些挂不住，就让太监把董宣的头按住，强行让他向公主道歉。可是董宣用双手紧紧地撑住身体，就是不叩头道歉。

湖阳公主大怒，对刘秀说道："皇弟还是平民之时，也经常窝藏逃亡之人，官府也不曾上门查询。如今当了皇上，以您的权力要制服一个小小的县令有什么难处吗？"刘秀微笑着对公主说道："皇上怎么能和普通百姓比呢？"说罢，他命人把董宣带走了，之后他又下旨赞扬董宣按律行事的做法，并赏赐给他三十万钱。董宣把这些封赏全部分给了自己的属下。

自此，董宣以"强项令"之名继续打击强权势力，京城百姓称他为"卧虎"，作歌称赞他道："枹鼓不鸣董少平。"洛阳城内的所有皇亲、士族都很惧怕他。在他的治理下，洛阳的社会治安很快得到了改善。

董宣当了五年洛阳令后死于任上，时年七十四岁。刘秀命人去他家中慰问，只见裹着董宣尸体的竟是粗布被褥，而几斛大麦、一辆破车几乎就是董宣的全部家当。刘秀得知后悲痛地说道："董宣死了，我才知道他如此正直清廉。"随后，刘秀追加其官衔，还下令以大夫的礼仪来埋葬他。

董宣不惧强权，执法严明，不徇私舞弊，一生正直清廉，千百年来深受后人称赞。

少年读全景
资治通鉴故事 3

▶▶ 汉纪 下　　▶▶ 中兴明君汉明帝

汉纪 下
中兴明君汉明帝

"明章之治"指的是明帝及其子章帝统治东汉的三十年间开创的国无贪污腐败之事、社会昌盛、国家安定的局面。明帝登基后，积极倡导儒学，重视刑罚、法律，还禁止外戚干预政事，并从多方面限制功臣、士族大家。此外，他还从根本上解除了因王莽暴政而导致的周边少数民族进犯的威胁，恢复和发展了汉朝和西北少数民族的友好往来。

初露锋芒，打击宗室

明帝是刘秀的第四子，名庄。他幼时就喜欢《诗》《书》，理解力很强，十岁时就读了《春秋》。刘秀非常喜欢他，认为他有周朝贤士季札之才。

刘秀建立东汉后，曾颁布度田令，目的是重新检查田亩数，以使人口和亩数对上。有州郡的官吏来京做工作汇报，刘秀见陈留吏在奏章中写着"颍川、弘农可以问，河南、南阳不能问"，疑惑地询问这是什么意思。陈留吏说这些是自己在洛阳的长寿街上看到的，并不知其具体意思。这时，十二岁的刘庄答道："这是郡里的官员在告诉您如何清查土地。"刘秀问道："河南、南阳为何不可以问？"刘庄答道："您的老家是河南，您出生的地方是南阳，这两处地方的田亩和宅院一定是超过了规定，但是没法仔细清查。"刘秀听完这话，就命人责问陈留吏，结果证实了刘庄的话。就这样，刘秀更加喜爱刘庄。

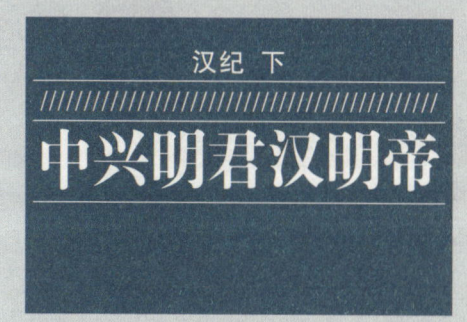

57年，刘秀因病去世，太子刘庄即位，也就是明帝。

刘秀在位时，严格控制同姓王势力，他自己的十个儿子都只封王而不就国。他们聚集在洛阳，分封到很少的土地，根本无法与西汉时的同姓王相比。刘秀死后，明帝登基，各个同姓王才得以驻守在自己的封地。刘荆是明帝的弟弟，刘秀诸子中颇有才华的一个。刘荆给被废的太子刘疆写信，说刘疆无端被废，应自东海出兵，如同高祖一般夺天下做皇帝。刘疆本是个安守本分之人，见到此信自是手足无措，赶紧把信呈给刘庄。但刘庄并未追查下去。

◀ （东汉）绿釉陶楼
陶楼是东汉墓葬中常见的一种明器，它展示了东汉豪强地主的强大势力和军事实力。此陶楼有四层，楼顶两端上翘，每层单檐有一斗三升的斗拱，造型独特，釉色莹润。

汉纪 下　　中兴明君汉明帝

之后，羌人与汉军激战，刘荆又到处活动。他曾问算命之人，我和先帝长得很像，先帝三十岁时做了皇上，如今我也三十岁了，能兴兵造反吗？算命之人大惊，将此事报告给郡国的官吏。但刘庄仍没有再追查此事。之后，刘荆又用巫术企图作乱，被郡国的官员知道后自杀身亡。

刘庄还是太子时，刘秀和许美人所生之子楚王刘英就和他私交很深。刘英后来在封国内制作金龟、玉鹤，以符瑞雕刻其上，策划起兵反叛。后有人告密，大臣上奏刘庄希望处以刘英死刑。刘庄不忍，只免去其官职，将其流放，后刘英自杀而亡。

加强集权，整顿吏治

刘庄除了有效打击宗室贵族外，还严厉限制外戚权臣。他按照刘秀在位时的旨意，在云台画了二十八将，却独独把自己的岳父马援排除在外，这也是在向大臣们表示自己要掌控外戚。他在位期间，马廖、马光、马防三位国舅的职位都没有超过九卿。他还下旨声明，后妃家族里只有一人能够升为校尉。

另外，刘庄还严厉惩罚仗着权势胡作非为的外戚和大臣。东汉元勋窦融没有管束好自己的子弟，导致他们常常触犯法律。窦融的侄子窦林因欺骗君主、贪污受贿、违法乱纪而被处死。窦融的长子窦穆因其自身封地邻近六安国，而想把

◀（东汉）蒲纹"宜子孙"玉璧
玉璧呈扁圆形，通体透雕，中间透雕"宜子孙"三字，形制特殊，雕琢精致，是玉器中难得的佳品。

六安据为己有，就假借阴太后之意，命六安侯刘盱休掉妻子，娶自己女儿为妻。刘庄得知此事后，罢免了窦穆的官职，并只让窦融一人留京，命窦家其他人全都迁回旧郡。窦融也受到刘庄指责，惊恐之下只得辞官回家。

驸马阴丰因事杀了公主，虽然他是阴太后弟弟阴就的儿子，但刘庄不徇私舞弊，判了阴丰死刑，阴就夫妇二人也自杀而亡。没多久，刘庄又以罪处死了河南尹薛昭、司隶校尉王康、驸马都尉韩光等。刘庄严厉制裁外戚权臣，绝不包容位高权重之人，这对大臣们起到了很好的震慑作用。

另外，刘庄还很重视整顿吏治，在考察和任免地方官员时也很严厉。刘庄刚登基时，就下旨命吏部在选拔官吏时要谨慎，有犯上作乱、欺压民众记录的人一律不予录用。

刘庄还下旨，每年对地方官吏进行一次考核。在选人为官时，刘庄明令禁止权臣干涉。刘庄之妹馆陶公主请求让其子担任郎官一职，也被刘庄拒绝了，他说："郎官官职虽说很小，但倘若他处理不好地方事务，连累的就是百姓，所以这事我不能答应。"之后他把一万钱赏给外甥了结了此事。大臣阎章精于典章制度，功绩卓越，按理来说早该担任要职，可后宫贵人中有两个是阎章的妹妹，如此看来，阎章就是外戚，刘庄为了遵守外戚不能封侯、干预朝政的规定，一直没有

提拔阎章。

与民休息，崇尚儒学

刘庄执政期间，曾几次下旨减轻刑罚，减少徭役赋税，还命各地官员督促、扶持农桑，竭力防治虫害，并让贫民种植公田。这些举措的实行，使农业呈现出繁荣的景象。

69年，刘庄下旨对黄河进行治理。西汉后期开始，黄河就因多年未治理而水灾肆虐，两岸百姓也都怨声载道。为此，刘庄命水利专家王景和王吴负责整修黄河。他们先用"堰流法"修成浚仪渠，并修渠筑堤，使河、汴分流，这样黄河水势就足以冲刷沙土，通流入海，黄河中下游的农民就可以顺利进行农业生产。

另外，刘庄还倡导官员以简朴为美，皇宫生活也应节俭。那时，皇后穿的是素服，旁边的侍者穿的是帛布，从不佩戴香薰类饰品。由于皇室的大力提倡，简朴之风很快盛行全国。

刘庄幼时就学习儒学典籍，登基后，依旧刻苦学习，并大力推崇儒学，倡导人们尊崇孔子，研读儒家经典。他曾几次与太子、大臣、儒士聚在一起探究儒学的经典要义，还会亲自做一些演说。

75年，四十八岁的刘庄因病去世。刘庄在位期间，在政治、经济上采取了很多举措，使得搅扰汉朝多年的诸侯王之事得以解决，为稳定统治做出了突出贡献。他的治理政策对汉朝政权的稳固和社会安定都具有重大影响。

▼（东汉）错金银牛形铜灯

这是一件精美的牛形铜灯，与早期铜灯相比，设计更为合理，制作更为精美。除具有一般铜灯的烟尘导管装置外，圆形灯盘上可推移开合的灯罩也由原来的封闭型变成了镂孔透光型，能更好地起到散热、挡风和调光的作用。器物通体遍饰精细的龙、凤、虎、鹿等神禽异兽等形象，线条流畅飘逸，工艺精湛无双，是汉代众多青铜灯具中将实用性与艺术性完美结合的上乘之作。

汉纪 下　　贤惠皇后马明德

汉纪 下
贤惠皇后马明德

在中国历史上，封建王朝的许多皇后都倾向于封赏本家，结党营私，干预朝政，甚至干出损害国家、民众利益的事情，因此给后人留下了不好的印象。可是，贤淑有礼、通情达理的皇后马明德却从不参与朝事，也禁止本家族凭借她的名声担任官职。作为汉明帝的皇后，她的这些举动，为治理国家、安抚百姓做出了一定的贡献。

▶（东汉）绿釉陶坐俑
高27.3厘米，浓眉，深目，高鼻，口微张，面带笑容，头戴高冠，身着绿色长衫，席地而坐，怀中坐一幼儿。陶俑造型简练，充满活力，使观者倍感亲切。

嫁入皇宫，意外受宠

马明德是伏波将军马援之女。马援离世后，他的儿子思父心切，不久就病亡了。马援的妻子因想念儿子也变得神志不清。此时，马明德只有十岁，就肩负起了家中的重担，她像大人那样指导家仆做事，处理大小事情，受到了很多人的称赞。

京都士族大家见马家已经不得势，就经常欺侮他们。马援之侄马严为此气愤不已。当时东汉皇室从太子刘庄到皇子诸王都还没有正式立太子妃或王妃。因此马严就奏请刘秀让马明德进宫当王妃，只要才貌俱佳的妹妹作了太子妃或是诸王的妃妾，马家就可以扬眉吐气，再次兴盛起来。

也许是念及当年马援的恩情，刘秀答应了马严的要求，让马明德入驻太子宫。马明德举手投足都符合封建礼仪，为人亲善仁爱，无论是侍从或是妃嫔都很喜欢她，阴皇后对她更是疼爱有加。其间，她还得到了太子刘庄的宠幸。

无法生育，晋升皇后

可是，马明德入宫几年后却没有为太子生下一个孩子。太子刘庄为此非常忧心，马明德心里也很焦灼。她自知太子倘若没有子嗣，就会影响社稷的安危。为此，她就让太子宫中的奴婢和刘庄在一起，期望她们能够诞下龙种。马明德从不妒忌这些奴婢，还总是问候、照料她们。

57年，刘秀离世，刘庄登基称帝。马明德被封为"贵人"，地位只在皇后之下。此后，宫中大臣为了成为皇室的亲戚，光耀家门，纷纷争着让自己的女儿入宫，贾氏就是其中一个，说起来她还是马明德的外甥女。贾氏入宫后不久就诞下一子，即刘炟。可刘庄依旧宠爱未生任何子嗣的马明德，而很冷落贾氏。

刘庄知道马明德很想有个孩子，就找理由让她抚育刘炟。马明德细心抚养着刘炟，像对待亲生儿子一样对待他。刘炟和养母也相处得很好，彼此毫无芥蒂。

刘庄一直想册立马明德为后，可又怕大臣会因其没有子嗣而不同意此事，因此他在登基后的

少年读全景
资治通鉴故事 3

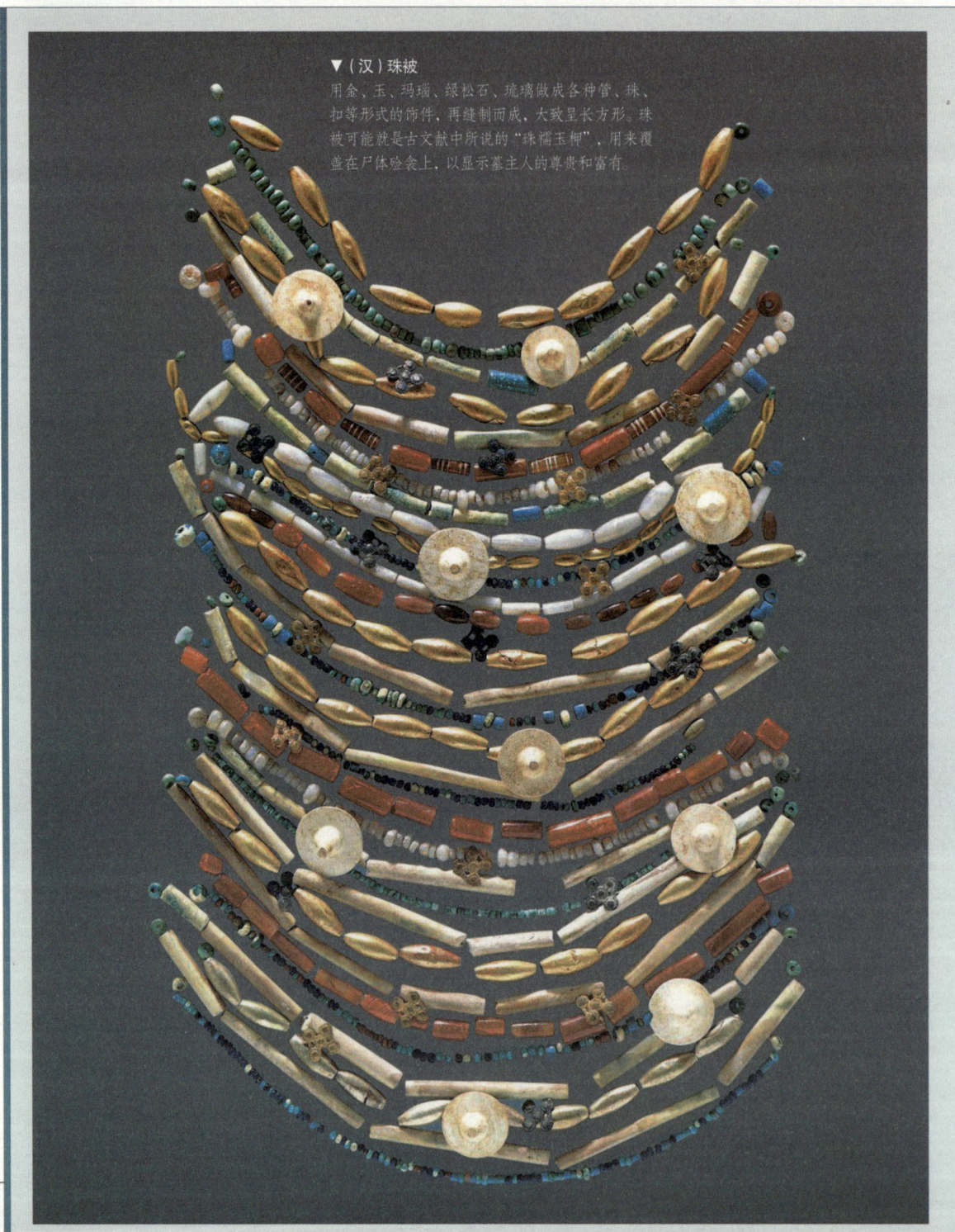

▶▶ 汉纪 下　　▶▶ 贤惠皇后马明德

▼（汉）珠被
用金、玉、玛瑙、绿松石、琉璃做成各种管、珠、扣等形式的饰件，再缝制而成，大致呈长方形。珠被可能就是古文献中所说的"珠襦玉柙"，用来覆盖在尸体殓衾上，以显示墓主人的尊贵和富有。

汉纪 下　　　　贤惠皇后马明德

三年里一直都没有立后。

60年，群臣一起奏请皇帝册立皇后，明帝就去征求阴太后的意见。阴太后非常明白刘庄为何登基三年而未立后，就说："马贵人温文尔雅，品行很好，后宫之人都比不上她，她该是皇后。"于是，马明德被册立为皇后，其养子刘炟被立为太子。

朴素平和，禁封家族

做了皇后之后，马明德还是坚持着节俭的习惯，她只在国家大典上穿丝绸衣服，其他场合只着粗布之衣，以此来倡导皇亲大臣崇尚简朴。她为人依旧仁厚，谦恭有礼，从不讨论别人的是非。

刘庄知道皇后是个贤淑且有管理能力的人，所以只要在处理政事时碰到很难决定的事情，就会去询问皇后的想法。马皇后总是能从事件的缘由入手来提出很好的处理方式。更令明帝尊敬的是，她深明大义，以之前外戚掌权引出祸端的历史事实为鉴，从不过问明帝对其马家人奖赏的事情。

75年，明帝离世，刘炟登基，即汉章帝，马明德也成了皇太后。依照宫中规矩，一旦皇上归天，所有妃子都要为皇上守寡。马明德为了照料这些妃子，就下旨封赏她们每人三千匹布、两千匹帛、十斤黄金。

之后，马明德又动笔为明帝写起居注。她还删掉了其中哥哥马防侍奉明帝的部分。章帝对此很是疑惑，觉得不该删掉这个部分，可马明德却说："不删掉的话，后人会觉得先帝与外戚关系密切。"章帝早就知道自己非马太后亲生儿子，可他始终都非常敬重马太后。

76年，天旱成灾，一些趋炎附势的臣子奏请朝廷封赏马太后的两个弟弟，理由是他们觉得出现旱灾是因为未赏赐外戚，可马太后拒绝了这一请求。过了三年，天下风调雨顺，年谷顺成。随后，马廖、马防、马光被章帝封为列侯。但没多久，他们三人就在马明德的劝说下奏请章帝准许自己辞官归家。章帝没有办法，只好答应了。

马明德不仅管束外戚，对自己要求也很严格。她叫人削低了自己母亲的坟头，只因坟头的高度超过了规定的标准。马明德还常常见一些自家的晚辈，嘉奖、安抚其中恭敬有礼之人，斥责、严惩那些作威作福之人，并命他们即刻离京回乡。

79年夏，马太后离世。她去世前，下旨把两百个奴婢、两万匹杂帛、千两黄金、两千万钱赏给贾贵人。

马明德平生节俭朴实，深明大义，她深深地影响了明帝、章帝两朝的统治风气，因而受到了后人的普遍称赞。

▼（东汉）车马人物纹铜饰牌
长12厘米，宽6厘米，反映了乌桓人在草原上驾车南来北往的生活场景，具有鲜明的民族特点，对研究草原地区的古代交通史和民族关系具有十分珍贵的价值。

汉纪 下　　窦固战天山

汉纪 下
窦固战天山

汉明帝在位期间，为了重新与失去联系多年的西域各国建立友好关系，决定效仿先祖汉武帝，出兵西取北匈奴。由于外戚窦固熟知边境形势，因此明帝封其为奉车都尉，命其出征北匈奴，窦固最后在天山击败了北匈奴。天山战役的胜利，为东汉肃清北匈奴势力奠定了基础。

出身豪门，大战天山

窦固，祖籍陕西咸阳，字孟孙，喜好《诗》《书》和兵法。光武帝在位时，窦固继承了父亲的爵位，被封为显亲侯。明帝在位时，窦固出任中郎将和奉车都尉。后来，他因兄长窦穆犯法而受到牵连，被罢官，在家中静养。

东汉建立之初，匈奴因内乱分为南北两部。没多久，东汉就收伏了南匈奴，并采用"以夷伐夷"的办法，命南匈奴单于驻扎云中。明帝在位时，计划按武帝之法袭击北匈奴，打开通往西域之门，因此封熟悉边境形势的窦固为大帅，让其带领军队讨伐北匈奴。

73年，汉军兵分四路开始进攻北匈奴：窦固和骑都尉耿忠带领一万多名将士向酒泉塞发起攻击；耿秉带领一万名将士向居延塞发起攻击；太仆祭肜和度辽将军吴棠带领一万多名将士向高阙塞发起攻击，这时南匈奴单于还命左贤王与汉军一同出征高阙塞；骑都尉来苗和护乌桓校尉文穆带领一万多名将士向平城塞发起攻击。

窦固等人攻进天山，杀死了近千个匈奴人，还一直追杀北匈奴呼衍王到蒲类海。这时，窦固又以班超为假司马，带领一些人马袭击伊吾，进而打通了去西域的通道。

此次作战，四路大军中只有窦固一路战绩赫赫，其他三路均无功而返。追击北匈奴句林王部的耿秉和秦彭率领将士在沙漠中走了六百多里，可一直到了三木楼山都没有发现敌军的踪影，只得撤退。以祭肜和吴棠为首的军队追了北匈奴军将近一千里，还是没有见到敌军的踪迹，也只得无功而

▼玉门关遗址
玉门关始置于汉武帝开通西域道路、设置河西四郡之时，是汉代重要的军事关隘，也是东西方文化、贸易交流的交通要道。

▶▶ 汉纪 下　　▶▶ 窦固战天山

回。来苗和文穆率领将士到达匈奴河岸时，北匈奴军早就没了踪影，因此他们也毫无所获。

出兵西域，立功边疆

74年冬，窦固、耿秉和骑都尉刘张率领汉军自玉门关出发，大败驻守在白山的北匈奴军，接着又去攻打北匈奴的附属国车师。车师有前、后两部，汉军远离车师后部，且途中奇峰险岭较多，天气又异常寒冷，将士很难前行，因此窦固建议先攻取前部。可耿秉觉得车师的重部是后部，倘若占领了后部，攻取前部就会轻而易举。窦固采纳了他的建议。

果然，汉军刚刚击败了车师后部，前部就请求归降汉军。此战后，东汉朝廷重新启用西汉时设立的西域都护和戊己校尉，渐渐再次掌控了西域。

打败车师之后，窦固就一直带兵驻守在边境。他根据当地习俗，用聚拢人心的办法来对待边境的少数民族。那时，羌人和胡人通常用没有完全烤熟的或是还带血的肉来接待宾客。他们会用刀切下带血的肉呈给窦固，窦固总是抓过肉就大嚼起来。羌人和胡人见他这样吃肉，觉得他并没有蔑视他们，因此非常尊敬他，这也使得边境一直保持着稳定平和的局面。

汉章帝即位后，封窦固为大鸿胪。只要边境出现重大事情，章帝通常都会征询窦固的建议。

◀（东汉）木槃封
以柳木制成，由角、栓、封、封槽孔四部分构成，是捆扎、封寄重要邮件的封具。

88年，窦固病逝。

在东汉初抗击北匈奴的战争中，将领窦固随机应变，战胜了北匈奴。此后，在他的管理下，边境出现稳定局面，这对巩固和维持汉朝和各少数民族之间的友好关系起了巨大作用。

▶（东汉）执戟铜骑士俑
出土于甘肃武威东汉墓葬，由武士、戟、马、鞍组成。马仰首翘尾，四足伫立，作嘶鸣状，显得矫健有力；武士跨骑于马背，右手持戟，显得英勇无敌。

汉纪 下

定远侯班超

自张骞出使西域后，汉朝与西域各个国家间的关系一直很友好。但是后来，匈奴常联合一些西域国家侵犯汉朝边境，西域各国也都屈服于匈奴，不敢与匈奴为敌。73年，明帝命班超出使西域，目的是重挫匈奴，再次掌控西域各国，重新建立与西域各国的友好关系。班超一去西域就是30多年，为推动东汉和西域各国之间的经济、文化交流做出了突出贡献。

壮志在胸，投笔从戎

班超，祖籍陕西咸阳，字仲升，出身于书香门第。他的父亲班彪和哥哥班固都是史学家，妹妹班昭则是皇后的老师。班超志向远大，而且学习刻苦，反应机敏，有勇有谋。

62年，由于哥哥班固入京做了校书郎，班超和母亲也一起去了洛阳。他为了养家糊口，经常替官府抄书。一天，他放下手中的笔，感慨道："我不能总是忙于笔墨间的小事，我应该和傅介子、张骞一样，在边疆成就一番事业，获取功名。"旁边的人听了这话，都讥讽他，班超就说："你们怎么可能知道我的抱负呢？"

班超曾请算命师为他看相，算命师对他说："多年以后，你一定会在万里之遥的边疆成就一番事业的。"班超问他为什么这么说，算命师答道："你的下巴如燕子般，表明你会像燕子一样飞起来，你的头颈如老虎般，表明你会像老虎一样吃到肉，所以你会在边疆成就一番功名啊。"

后来，明帝问班固："你弟弟现在在干什么呢？"班固答道："他在替府衙抄书，以奉养母亲。"于是，明帝就封班超为兰台令史，负责管理奏章和文书。

73年，班超弃文从武，跟随窦固讨伐匈奴，并担任假司马一职。班固在这次战役中展露了他的军事才华，因而受到窦固的器重。

出使西域，平定叛国

出于信任，窦固命班超带领郭恂等三十六名随从出使西域，目的就是联络西域各国同伐匈奴。

班超先带人到了鄯善国。刚去的几天，鄯善国国王还好好地款待他们，不久班超就发现国王对他们的态度冷淡起来，而且还找理由拒绝与他

▶ 班超勇慑鄯善国国王
班超出使鄯善期间，率三十六人趁夜袭杀北匈奴使臣及其随从，使鄯善国国王决心归汉。

汉纪 下　　定远侯班超

们见面，就算见了面也不再提及抗击匈奴之事。班超打探到是匈奴的使者一直在中间捣乱。班超对随行人员说："我们只有冒险一试，如果不杀了匈奴使者，就扭转不了局势。"

当天晚上，班超就命人向匈奴使者驻扎之处袭去。众人顺风点火后，一起杀进营帐。匈奴使者及其随从都未能逃脱。随后，班超请来了鄯善国国王，劝他不要再依靠匈奴，转而归顺汉朝。鄯善国国王同意了。

接着，班超又去了于阗国，北匈奴使者驻守在那里。于阗国国王对班超的态度很冷淡。于阗国巫师和匈奴使者串通，对于阗国国王说："汉使的马队中有黄马一匹，这匹马会带来不幸，把它杀掉吧。"于阗国国王向班超要那匹马，班超答应了，只是要求巫师亲自来取马。巫师来了之后，班超杀了他。于阗国国王甚是惊惧，就杀死了北匈奴使者，归顺了汉朝。

此时与北匈奴关系最好的是龟兹国，龟兹国国王仗着匈奴之势，派人杀死了疏勒国国王，命兜题为新国王。班超派属下田虑出使疏勒，可兜题不同意与汉朝交往。接着田虑捕获了兜题，并命人快马报告班超。班超即刻来到龟兹，召集疏勒的文武官员，向他们列举龟兹的各条罪状，并任前任国王的侄子为疏勒国国王。此举大大震慑了龟兹国国王。

发兵讨敌，威震西域

75年，明帝离世，焉耆国趁东汉举行国丧的机会占领了都护陈睦驻守的城池，龟兹、姑墨两国更是借此机会屡次出兵袭击疏勒国。在一年多的时间里，在将少势弱的情况下，班超坚守盘橐城，和疏勒国国王一起前后照应，守住了城池。

此时，皇帝认为陈睦已亡，班超孤立边疆，肯定很难支撑下去，就下旨召回班超。得知此事后，疏勒国上下一片惊慌，有一个叫黎弇的都尉自杀了。班超艰难地来到于阗国，那里的臣民也都痛哭流涕，抱住马腿不肯让他走。这些事深深地触动了班超，于是他没有理会圣旨，毅然决然地留驻西域。朝廷同意了，没多久就升他为西域总督。

78年，班超率领疏勒、于阗、拘弥的一万多将士攻取了姑墨的石城。班超奏请皇上，提出了收复西域的建议。章帝接受了他的建议，并派兵予以支援。与班超同心合意的大臣徐干也自请前去支援班超。接下来的十年，班超带领徐干带来的援兵，并集结西域诸国的势力，相继消灭了莎车、龟兹、尉犁、危须、焉耆等地的强权势力，还打退了贵霜王朝的侵袭，从而名震西域。这时，汉朝已收复了五十多个西域国家。皇帝下旨奖赏班超，并赐他定远侯之号，因此后人也称班超为"班定远"。后来，朝廷把班超调回了洛阳，没多久他就去世了，享年七十一岁。

班超出使西域的三十多年间，平定了西域的内斗，抵御了外敌的入侵，为打通和稳固丝绸之路，增强汉朝和西域各国之间的友好关系立下了汗马功劳，因此名垂青史，万古流芳。

▼（东汉）玉剑彘

汉纪 下　　窦宪大破匈奴

汉纪 下
窦宪大破匈奴

和帝登基后，窦宪因事惹怒了窦太后，为求自保，便奏请皇帝，表示自己愿出征匈奴，将功赎罪。那时匈奴分为南匈奴和北匈奴，南匈奴和汉朝关系很好，北匈奴跟汉朝关系一般。此时，南匈奴请求汉朝发兵攻打北匈奴，于是皇帝封窦宪为车骑将军，命其征讨北匈奴。窦宪战胜北匈奴后班师回朝，再次掌控了朝中大权。

出身显贵，征伐匈奴

窦宪，扶风平陵人。他的爷爷窦穆和父亲窦勋都因罪被杀。78年，窦宪的妹妹被章帝封为皇后，他被升为侍中兼虎贲中郎将，深受皇帝宠信。

窦宪仗势胡作非为，还强行低价购买了章帝妹妹沁水公主的田园。公主惧怕窦宪的权势，也不敢多说一句。一日，章帝乘车路过那座田园，问本是沁水公主的田园为何成了窦宪的。后来章帝知道了事情的来龙去脉，勃然大怒，并立即召见窦宪，严厉地训斥了他。窦宪十分惊恐，让妹妹为自己说情。窦皇后毁服谢罪，并再三劝说皇帝。皇帝才渐平怒气，只让窦宪归还公主的田园，没有追究窦宪的罪责，却也不再重视他。

和帝登基后，窦太后掌管朝政，身为国舅的窦宪权倾朝野，他的弟弟窦笃、窦景也都位高权重。于是，窦氏兄弟更加放肆起来。

89年春，窦宪命人杀了当年审判自己父亲那人的儿子，还取下他的头颅放在父亲坟前。不久，都乡侯刘畅因事到洛阳，多次被窦太后召见。窦宪害怕刘畅威胁自己的地位，就命人杀了他，并嫁祸给刘畅的弟弟。事情败露后，窦太后大怒。窦宪知道自己性命难保，就主动请命征讨匈奴，将功赎罪。

这时，漠北东部兴起的鲜卑族大败北匈奴，杀死了匈奴单于，其时草原上蝗虫成灾，漠北一片混乱。为此，南匈奴单于奏请汉廷，请求汉廷发兵一起攻打北匈奴。大臣们觉得北匈奴并没有入侵

▶（汉）栗借温禺鞮印
栗借是南匈奴贵族姓氏之一，温禺鞮是匈奴贵族称号。印章刻有篆文"汉匈奴栗借温禺鞮"。

▶▶ 汉纪 下　　▶▶ 窦宪大破匈奴

汉朝边境，没有必要耗费人力、财力前去讨伐。可征西将军耿秉却认为这是消灭北匈奴的最好时机。因此，窦太后力排众议，命以窦宪为主将、耿秉为副将的大军和北方的汉军及羌胡军一起出兵攻打北匈奴。

汉军兵分三路进攻北匈奴。分别带领四千骑兵的窦宪和耿秉与带领一万名骑兵的南匈奴左谷蠡王师子组成西征军出击朔方鸡鹿塞；带领一万名将士的南匈奴单于屯屠何组成东征军出击满夷谷；带领八千羌胡军的度辽将军邓鸿与率领将近一万匈奴骑兵的南匈奴左贤王安国组成中路军出击固阳塞。三路大军在向导的帮助下，成功会师于涿邪山。接着，窦宪派出以副校尉阎盘、司马耿夔为将领，由一万多精兵组成的部队与北匈奴军队展开了激战，并最终取得了胜利。北匈奴部队迅速瓦解，单于借机遁走。

此次战役后，北匈奴贵族带领八十一个部落大概二十万人归顺汉军。窦宪、耿秉与将士们一起登上燕然山，在山顶上立下了一块由班固作铭文的石碑，用以记录汉军的丰功伟绩。随后，窦宪命司马吴汜、梁讽带兵前去追击北匈奴单于。他本人则带领将士回师驻守五原。那时，北匈奴民心涣散，吴汜、梁讽沿途招降了万余人。

90年，窦宪命部下耿夔、任尚等带领将士袭击北匈奴的余兵，并取得了胜利。至此，北匈奴彻底被消灭了。

居功自傲，被逼自杀

89年，章帝命中郎将去五原传达自己的旨意，封窦宪为大将军，并赐其武阳侯之号，可窦宪拒绝了。那时，大将军位列三公之下。大臣们为了附和章帝，就请示朝廷，使窦宪的职权在太

▲（汉）《西域诸国图》
图中可以看到当时的西域各国，既有以游牧为主的乌孙、鄯善、尉犁，又有从事农耕的且末、于阗、莎车、疏勒和龟兹等。

傅之下、三公之上。窦宪率领大军班师回朝后，汉廷奖赏众兵卒，并封随窦宪出征的各郡守子弟为太子舍人。

这时，窦宪兄弟几人全都身居高位。在朝中，窦宪只用自己的亲信，还将与自己有隙的郅寿、乐恢等大臣逼死。他还和兄弟四处购买田地，修屋建房，还多次抢占民女，掠夺民财。92年，窦宪的亲信邓叠、邓磊、郭举和郭璜等人擅入后宫，暗通太后，想偷偷除掉和帝。和帝知道后，就和郑众等人一起讨论如何除掉这些奸徒。

这时，恰逢窦宪领兵回朝。和帝命人在城外迎候，并宣布要亲自与窦宪等人见面。窦宪入城后，和帝立即命人紧闭城门，抓住了窦宪及其手下。考虑到窦太后，和帝没有马上杀死他们，过了一段时间后才命人逼他们自尽了。

从军事史角度看，窦宪作为指挥征伐北匈奴战争的汉军统帅，在军事史上产生了一定的影响。但他作为东汉外戚专权的祸首，也在历史上留下了种种劣迹。倘若他没有自恃功高而胡作非为，也许会有另外一种人生。

汉纪 下　　邓绥临朝摄政

汉和帝驾崩后，即位的皇帝年幼无知，皇太后邓绥只好执掌朝政。邓绥以窦氏外戚掌权时损害国家利益为鉴，极力约束邓家人的权力。因此在她掌权时，外戚干预朝政的事情几乎没有发生过。邓绥掌权的二十年间，国家安定，百姓富足，对后世的影响非常大。

才貌双全，入主后宫

汉和帝的皇后邓绥祖籍河南新野，她的爷爷是东汉建国功臣邓禹，她的父亲是在少数民族中声望很高的护羌校尉邓训，她的母亲是阴丽华的侄女。邓绥自幼就懂得经史，知书识礼。

一次，奶奶为她理发，老人视力不好，一不小心把她的额头给伤了。邓绥强忍着疼痛没有出声，一旁的侍者问她为什么不出声。邓绥答道："奶奶是因为喜欢我才给我理发，我现在被弄伤了，再痛也不能说，因为怕她自责。"这时邓绥才五岁。

92年，邓绥的父亲去世。邓绥悲痛不已，在三年服丧期内几乎没有吃过任何有油、有盐的菜。服丧期满后，家人甚至都快认不出面容枯槁的邓绥了。

95年，十六岁的邓绥被召入宫中，没多久就被封为贵人。她谦恭谨慎，做事妥当，非常照顾其他姬妾和宫中的奴婢，因此得到了宫中人的赞赏和爱戴。

▶（汉）玉笄
笄是古人束发用的工具，长条形，体微扁，端部收尖，笄头有多个钩形齿牙。

深明事理，册立为后

汉和帝的阴皇后十分嫉妒邓绥。每次后宫举办宴会时，在身着华服、涂着浓妆的诸多姬妾中，总会看见一身素衣的邓绥，因为她不想与别人起什么冲突。如果穿了和阴皇后同色的衣服，她就会立即换穿别的衣服；如果和阴皇后一起去见和帝，她就会走在阴皇后的侧面；每次和帝问话，她都等阴皇后说完了才说。和帝于是更加喜欢邓绥。

一次，邓绥生病卧床不起，和帝命她的家人进宫照顾她。邓绥得知后对和帝说："陛下，请收回成命。皇宫不是平常之地，宫外之人自然不能长住宫中，否则就会有人嘲笑陛下偏爱某人，我也会被说成是不知足的女人。"和帝说："别人都认为家人进宫是件光荣的事，可是你却处处管束自己人，太难为你了。"此后，和帝越来越宠幸邓绥。

众人也越来越赞赏邓绥。但这可惹急了阴皇后，她不知如何是好，就用巫术诅咒邓绥。102年，阴皇后及其外婆邓朱暗地里使用巫蛊之术诅咒邓绥一事被人揭发。和帝命人拿下了邓朱和她的两个儿子邓奉、邓毅以及阴皇后的弟弟阴轶、阴辅、阴敞。和帝本来就不喜欢阴皇后，出

汉纪 下　　邓绥临朝摄政

(汉)侍女俑

俑在汉代雕塑中有着十分重要的地位，其题材广泛，内容丰富，从车马出行到侍卫家奴，从庖厨宴饮到歌舞百戏，几乎无所不包，反映了汉代五彩斑斓的社会生活。此陶女俑体态端庄，形象俊美，具有强烈的写实主义风格，体现了汉代雕塑特有的生活气息。

了这事后便不留情面地废掉了她。

102年冬，大臣们奏请皇帝册封新皇后。和帝对大臣们说道："皇后的册封关系重大，所以不能草率行事。邓贵人的品德在后宫无人可及，她是皇后的最佳人选。"群臣对此也都没有异议。不久，邓绥就做了皇后。

临朝听政，勤俭治国

105年，和帝驾崩，邓绥在宫中无子。此前已经有十几个皇子相继早亡了，后妃认为后宫不吉，因此后来多把生下的皇子偷偷地送到民间抚养。

不久，年仅二十五岁的邓绥接回出生才百天的殇帝回宫继承皇位，她自己则成了皇太后，执掌大权。由于年纪轻轻就守寡，邓绥的行动多有不便，于是她封其兄邓陇为车骑将军，命其随时待命入宫商讨事情。

邓绥掌权后，竭力减少皇宫内外的开支。首先，她缩减了太官、导官、尚方、内者的山珍海味的数量。其次，她规定宫内只在祭祀宗庙时细择稻米、谷米，还限定每日只有一餐有肉。自从太官、汤官制作稀有食物的用度被减少后，每年的费用从过去的两万万余钱减少到了几千万钱。邓太后还将各郡国的贡品也减少了一半以上。她还卖掉了上林苑中的所有鹰犬，不再征调蜀郡和汉中的嵌银漆器、九带佩刀等，并停用了三十九种画工。

另外，邓太后还下旨禁止御府、织室、尚方等制造刺绣、透明的纱罗、起花的绸缎，以及用珠玉、犀角象牙、玳瑁等精磨细琢的东西，并减少了储存在离宫别馆中的粮食、柴木等的数量。

106年，殇帝早逝，邓绥立清河王刘庆十三岁的儿子刘祜为帝，即汉安帝，自己继续执掌朝政。连续的国丧导致民众劳役加重。为此，邓绥量力而行，将殇帝陵墓中的陪葬品和修筑陵园的费用都减少了很多。

邓绥一直都很约束邓家的子弟。可由于此时她已是名震天下，朝内外的人都阿谀奉承邓家子弟。于是，她就亲自对司法官说："前朝外戚违法乱纪，多是因为众人的纵容，现在倘若邓家人触犯了法律，一定要严惩，不得袒护。"在她的严格约束下，邓家人全都遵纪守法。

121年，时年四十一岁的邓绥吐血身亡。

邓绥死后，安帝的乳母对安帝说："邓太后活着时想立平原王为帝，就和邓骘等人准备暗地里杀死你。现在您做了皇上，可要远离奸佞之人哪！"安帝听后勃然大怒，即刻下旨免掉了邓家人的官职，还抄了邓骘的家，把他撵回了封国。此后，邓骘父子和邓豹、邓遵、邓畅等人相继被逼死。

邓绥是个十分优秀的女性，也是东汉杰出的政治家之一。她为人大方，勤俭朴素，不喜奢华，十分关心民间疾苦，致力于减少民众的负担，因此受到百姓的爱戴。

汉纪 下　　杨震临财不苟

杨震临财不苟

杨震精于典籍，知识广博，被誉为"关西孔子"。他在世时，国家朝纲败坏，奸臣当道，宦官掌权，贪污受贿之风甚为盛行。在这么混乱的官场中，杨震独自坚守着他公正廉明、不向钱财低头的品格。除了做到出淤泥而不染外，杨震还竭力改变官场的风气，尽管他终无所获，但他的精神永远值得后人崇敬。

▶（东汉）安息铅币
在甘肃灵台康家沟的汉代窖藏里，共出土了二百七十四枚安息铅币，这些铅币正面沿边有一圈凸起的外国铭文，背面是旋涡纹。据考证，它们来自于晚期的安息国，这也证明当时汉朝与中亚各国之间的文化商业交往十分密切。

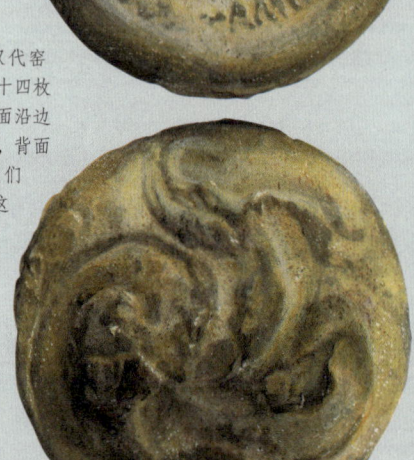

关西孔子，踏入仕途

杨震，祖籍陕西华阴，字伯起。他的八世祖杨喜、高祖杨敞曾官至侯相，他的父亲杨宝才识过人，一生都在教书育人。杨震被誉为"关西孔子"，精于典籍，知识广博。他不喜名利，自年少时起便在湖县和潼关等地，一住就是三十年。他一边种地一边授徒，总共培养了三千多名学生。

▼（东汉）郝氏樽
通高17厘米，口径23厘米，直口直腹，腹两侧置对称铺首衔环，平底，口与近底部各施凸起宽带纹一周，腹中部施宽带纹两周，樽底部刻有"郝氏之家大富贵，子孙千代皆阳遂"两行吉语铭文。

杨震五十岁时，朝中大将军邓骘推举他担任荆州刺史。没过多久，他又被派遣到东莱担任太守。

杨震在上任途中，经过了昌邑县。他曾经举荐的荆州秀才王密正好是这里的县令。一天夜里，为了感谢杨震当年的推举，王密拿着十斤黄金来见杨震，可杨震却拒绝接受这些钱财。王密小声地说道："我想要报答大人举荐我的恩情，现在已是夜半时分，绝对不会有人知道这事的，大人您就收下这些黄金吧。"杨震严厉地说："你怎么知道没人知道呢？天、地、你、我都知道这事啊！"他接着又说道："作为地方官，你应该为民着想，做到清正廉洁。倘若你觉得别人不知道，就收受钱财的话，就是在损害国家的利益，也

汉纪 下　　杨震临财不苟

是在欺骗百姓。你要是不想让我对你失望，就把这些黄金拿回去吧。"王密听完这些话羞愧难当，赶紧拿起黄金离开了。

后来，杨震做了涿郡太守，他依旧坚守正直廉洁的品行，从不行贿、受贿。他生活节俭，一生都没有为自己置办过什么家产。他还严格约束自己的子孙和家属，要求他们不要向往锦衣玉食的生活，即使是外出也只能步行。

他的一些朋友见他家中贫苦，就好心劝说他要为后代留一些适当的家产。可杨震言近旨远地说道："我希望我的后人都是一些清白的官吏，'清白'二字就是我给他们的一份厚重的家产。"

在杨震的影响下，他的几个儿子后来都成了公正廉明的好官。

清正廉洁，犯颜死谏

121年，杨震担任司徒，位列三公，地位极高。

那时，汉安帝的乳母王圣认为自己一直哺育安帝，功劳极大，又有安帝为她撑腰，就胡作非为。她的女儿还常常擅入皇宫，多行不法之事，产生了极其不好的影响。杨震不惧权势，直言不讳地上书批评了他们，提出"政以得贤为本，理以去秽为务"，要求安帝"绝婉娈之私，割不忍之心，留神万机，诫慎拜爵，损节征发"。意思就是说要安帝不再留恋美貌女子，专心处理朝政；还要慎重考虑加封之事，减轻民众的徭役，让民众能够过上安乐的日子。可安帝不但没有接受这些意见，还把杨震的奏章拿给王圣等人看，致使王圣等人想要报复杨震。

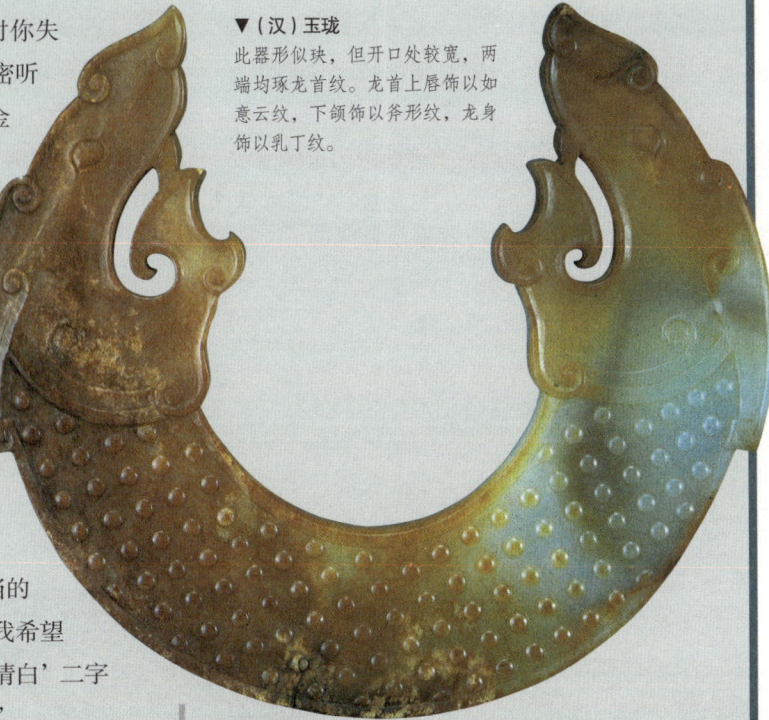

123年，杨震担任太尉一职。安帝的舅父大鸿胪耿宝亲自拜见杨震，并假托圣意，胁迫杨震让宦官常侍李闰的哥哥为官。杨震厉声道："倘若皇上要让此人当官，就该让皇室尚书来传达。你说这是皇上的旨意，那我能看一下诏书吗？"耿宝拿不出圣旨，只得气急败坏地离开了。

没过多久，王圣被封为野王君，皇帝还为其花费巨资修建了宏伟、奢华的住宅。樊丰、周广等奸佞之臣还假借安帝的名义，向各地随便摊派各种费用，地方上的贪官也借此机会大捞钱财。因此，杨震不得不上书朝廷，向皇帝陈述其中利害。可汉安帝根本不在意这些。

不久，不甘心的杨震借地震之名再次劝谏皇帝，说是安帝身边的心腹宦官倚权滥用才导致了地震，并使得天下多旱少雨，这些现象都是上天

▼（汉）玉珑
此器形似玦，但开口处较宽，两端均琢龙首纹。龙首上唇饰以如意云纹，下颔饰以斧形纹，龙身饰以乳丁纹。

汉纪 下　　杨震临财不苟

给安帝的警告，希望安帝能够有所警醒。杨震的劝告触怒了汉安帝，但由于深知杨震"关西孔子"的威名，汉安帝没有惩罚他。

这时，一个名叫赵腾的河间书生上书安帝，谴责朝廷，安帝被他的言辞所触怒，决定处死他。杨震劝谏皇帝要听取民众的意见，放过赵腾，可安帝拒绝了。最终赵腾被处以死刑，横尸街头。

惨遭诬陷，饮毒身亡

124年，安帝外出游玩，佞臣樊丰等人伪造圣旨大造宅院。杨震的属下查到了他们假造圣旨的证据，杨震想奏请皇帝惩治他们。樊丰得知后，抢先一步反诬杨震，他对安帝说道："赵腾一死，杨震更是心有怨恨，况且他又是邓骘推荐的人，自然不可能对皇帝忠心。"安帝相信了这些话，当夜就命人收缴了杨震的印绶，并下旨让他回到自己的郡去。

杨震七十多岁了，还遭受这番侮辱，内心的愤怒和悲痛自是无法用言语来形容。途经洛阳城西边的几阳亭时，他悲痛地对门下弟子说道："承蒙皇帝赏识我，让我做了大官，我恨那些狡诈的奸佞之徒，却不能杀了他们，更无力阻止他们祸国殃民，又有何面目活着呢？我要是死了，不要给我修建宏大的坟墓，也不要设立祠堂，只要给我做个杂木棺材，用被单裹住身子就行了。"说完他就服毒自杀了。

杨震为官期间，始终坚持公正廉洁的品行，没有修建豪宅，也没置办过什么家产，其子孙更是常吃素食，外出也只靠步行。他曾说："倘若我的后代能够被人们称作廉吏的后人，这也该是我留给他们的很好的遗产吧！"

杨震洁身自好，奉公守法，清正廉明，实在是当时黑暗腐败的官场里一道夺目的风景，他可被尊为廉吏的典范。

▼（东汉）玉螭龙鸡心佩
鸡心佩是鞢形佩的俗称，最早见于汉代墓葬，多为椭圆形，上端出尖，中有一圆孔，近似于盾牌或鸡心的形状，器体扁薄，下面微鼓，背面略凹，两侧常透雕龙、凤、螭等，是汉代特有的一种佩饰。

汉纪 下 —— 虞诩平定西羌

东汉后期，汉廷日益衰败，西部少数民族借机发兵袭击西南地，掠夺粮食和牲口。危机时刻，大将虞诩担当重任，采用虚实结合、机敏多变的战术，最终战胜了实力强大的羌军，使得边境百姓的生活再次恢复平静。

孝子贤孙，平叛有功

虞诩，祖籍河南鹿邑，字升卿，十二岁时就能诵读《尚书》。由于双亲早逝，他承担了奉养奶奶的责任。那时，当地官吏多次推荐他去做官，都被他婉拒了，他说："我要抚养九十岁的奶奶。"后来，虞诩的奶奶过世，虞诩就为其守孝。守孝期满后，朝中太尉李脩便命他入府，封他为郎中。

110年，羌人出兵袭击凉州。大将军邓骘觉得汉廷没有足够的军费，没法采取有效的抵抗，就提议弃守凉州，把兵力集中到北部边疆上。大臣们都同意他的提议。

虞诩得知后，对李脩说："我听说朝廷要弃守凉州，我觉得这么做将后患无穷。我们不能因为没有军费就放弃凉州，这可是先帝当年辛苦打下来的江山。况且，倘若凉州失守，汉朝边塞就会推进到三辅。这样一来，我们就无法保护先帝的陵园了。再说凉州地区士兵的作战能力在所有郡县中是首屈一指的，我们完全有实力战胜羌军。"

李脩觉得他的话有道理，就问："那我们要怎么对付羌胡军呢？"虞诩答道："现在凉州城里人心惶惶。大人要先安抚民众，就该让西州豪强来担任掾吏，并以长吏之子为郎。"接着，李脩根据虞诩的提议做了部署，果真使羌人主动撤兵了。

邓骘得知虞诩提议攻打羌兵后，非常生气。

▶（汉）连环
又称辘轳环，是古代佩剑所用的饰物。此辘轳环由两个圆环连接而成，两环可以分开、合起，但不能分离。这种辘轳环必须用一块玉料雕成，不能有粘接的痕迹，工艺要求极高。

那时，朝歌贼寇肆虐。因此，邓骘便举荐虞诩任朝歌长。

虞诩到了朝歌后，马上去拜访河内太守。太守以为来的是个英勇善战的大将军，谁知却是个手无缚鸡之力的儒生，就叹息道："贼寇常出没的地方不是你该来的，你这种书生该在朝中出谋划策。"虞诩道："您不用担心，虽然这里贼寇多，但是只要我们打开粮仓救济民众，就能够聚揽民心，用不了多久就可消灭贼寇。"

接着，虞诩抓捕了一些贼寇，并赦免了这些人，命他们混入人群，引诱其他贼寇前来劫掠，并事先埋伏好士兵。虞诩又命一些裁缝混入贼寇团伙中，让这些裁缝在给贼寇做衣服时以彩色丝线做标记。这样，只要这个团伙有人出现在县城集市上，待命的将士就可根据标记来抓捕他们。

少年读全景
资治通鉴故事 3

▶▶ 汉纪 下　　▶▶ 虞诩平定西羌

贼寇对虞诩的能力非常吃惊，觉得是有神明在帮他，就都四散而逃了，朝歌从此恢复了平静。

率兵出征，平定西羌

115年，武都受到西羌侵袭。邓太后封虞诩为武都郡长，并命他去对抗西羌。虞诩带军队赶往武都上任，不料却在陈仓崤谷遇到了羌军。虞诩立即下令将士停止前进，并放出风声，说已命人赶回朝中请求援助，等援军到了再前进。

羌军得知后，不敢挑衅，许多士兵四散到邻近的县城抢劫。虞诩借机率大军加快步伐昼夜赶路，还让将士在扎营时逐日增加灶坑的数量，让敌军以为援兵已到。这时，羌军由于将士四散而兵力不足，又见汉军人数增加且前进的速度非常快，只得放手让他们一路顺畅地过去了。

此后，有人问虞诩："孙膑当年减灶而将军您却增灶。按兵书之说，每天行军路程不能超过三十里，你们却达到了两百里。这其中有什么道理？"虞诩答道："这是根据具体情况做出的部署。羌军人数多于我军，随时会追击我们，所以我们只能快速前进，让敌军算不出我们的行程；每日增加灶坑数量，是为了让羌军以为我们已经有了援兵，这样他们就不敢进攻了。当年孙膑示弱来引诱敌军，今天我则示强来使敌军撤退。"将士

▲（汉）青铜镀金铜错连雁形带钩

们听后，更加佩服虞诩了。

不久，虞诩带领三千兵马终于到了武都，却在赤亭遭到了几万羌军的围困。在接下来的十天，士兵们浴血杀敌，多次挡住了羌军的进犯，羌军士气严重受挫。第十天时，虞诩命将士们改用小弓，羌军误认为汉军已经没有弓箭，遂强攻城池。虞诩随后命人用强弓硬弩射杀敌军，汉军百发百中，羌军四处逃散。虞诩命将士们趁势追杀，羌军死伤无数。第二天，汉军自东门而出，自北门而进，换了装束后又自其他门进出。羌军以为城内有很多汉军，更加惊惧。虞诩觉得羌军该撤退了，就让五百个士兵隐藏于路边，伺机伏击羌军。果然，羌军真的撤兵了，虞诩急命将士攻打他们，最终重挫羌军。此后，羌军再也无力进犯武都了。

为了避免郡内民众再次遭受侵犯，虞诩在观察了各处的地形后，下令建造了一百八十座碉堡城寨。他还亲自和将士们一起勘探河川的状况，并召集民众一起修筑水道，大大减少了当地政府的开支。在虞诩的治理下，武都再次安定下来。

赤亭之战中，在敌强我弱的情况下，足智多谋的虞诩巧妙用兵，虚实结合，让敌人惊惧之下主动撤退，汉军最终大败羌军。这是中国古代战争史上少有的巧妙用兵、以弱胜强的经典战役之一。

▶ 汉纪 下　　▶ 跋扈将军梁冀

汉纪 下
跋扈将军梁冀

汉顺帝驾崩后，外戚梁冀执掌了大权。他奢侈和腐败到了极点，同时，梁氏一族倚仗梁冀的权位目空一切，狂妄自大，朝廷上下的官员都很害怕他们，连皇帝也不敢问及他们任何事情。东汉外戚权势最盛的时期和统治最杂乱的时期都处在跋扈将军梁冀执掌大权的二十年间。

纨绔子弟，总揽朝政

梁冀，祖籍甘肃平凉，字伯卓。他的先祖梁统是东汉开国元勋之一，他的父亲梁商官至大将军。梁冀出身官宦之家，是个花花公子，可他又精于官场上的各种门道，为人更是心狠手辣。

梁冀担任河南尹时残暴待民。洛阳令吕放是梁冀父亲的亲信，几次因梁冀的残暴而在梁商面前揭发他。梁冀就命人杀害了吕放。为了不让别人知道这事，他举荐吕放之弟吕禹为洛阳令，并四处造谣说是吕家的仇人杀死了吕放，还帮助吕禹围剿了所谓的吕家的"仇家"，并杀死了一百多人。总而言之，梁冀身上兼具了官宦子弟的横行霸道、流氓的残暴无理和政客的狡猾刁钻等恶习。

132年，梁商的女儿梁妠被顺帝册封为皇后。此后，梁商官运顺畅，官拜大将军。那时，他的势力并不能使他权倾朝野，也不能助他抗击宦官集团，所以梁商就在与宦官交往的同时笼络人心，遇到饥荒之年他就在城门外发放粮食来救济难民。这些做法使他在得到朝中大臣赞赏的同时，渐渐巩固了自己的地位。

梁商去世后，梁冀担任大将军，执掌朝政。

144年，顺帝去世，不到一岁的太子刘炳即位，即冲帝。不到一年，冲帝又因病去世。

当时，清河王刘蒜和渤海孝王之子刘缵都是新任皇帝的人选。太尉李固等人劝梁冀立年纪较长的刘蒜为帝，可梁冀及其妹梁太后想要总揽朝政，最终决定立当时年仅八岁的刘缵为帝，刘缵即汉质帝。

汉质帝虽然只有八岁，但非常聪颖。他非常不满梁冀独揽大权。一日，当着满朝文武大臣的面，汉质帝冲梁冀说道："大将军乃跋扈将军也。"梁冀听完这话，勃然大怒，他害怕质帝长大后会影响自己执政，就秘密把质帝毒死了。

▶（东汉）马踏飞燕铜雕
此铜雕构思巧妙，精准地掌握了力学的平衡原理，表现出卓越的工艺水平。现在，马踏飞燕铜雕已成为东西方文化交往的象征，被誉为中国旅游的标志。

汉纪 下　　跋扈将军梁冀

◀（汉）两层纹饰璧
玉璧琢成两层，内层饰谷纹、外层饰双身兽面纹，这种纹饰的璧在汉代十分普遍。

质帝过世后，梁冀想立将与其妹成婚的刘志为帝。但是，以李固为首的朝中大臣都认为应当立清河王刘蒜为帝。梁冀就让梁太后免了李固的职，封自己的心腹胡广为太尉，最终刘志被册立为帝，即汉桓帝。

权倾朝野，为所欲为

147年，梁冀的另一个妹妹被桓帝封为皇后。梁冀的两个妹妹分别成了皇太后、皇后，他的地位也就更加稳固了。后来他的弟弟梁不疑、梁蒙分别被赐颍阳侯、西平侯的封号，他的儿子梁胤则被赐号襄邑侯。

桓帝为了巴结梁冀，还特许他可以带剑上朝，且把所有政事交与他处理，并命新上任的官员都要先去梁冀家中叩谢，之后再去尚书台办理相关手续。梁冀还找理由杀死了未去他家叩谢的辽东太守侯猛。后又摆下宴席毒死了下邳人吴树，只因吴树在赴任前去梁冀家中辞行时没有答应梁冀的要求，上任后还杀死了原是梁冀同伙的

汉纪 下　　跋扈将军梁冀

地方恶霸。

那时，朝中才华横溢、年仅十九岁的郎中袁著奏请皇帝让梁冀约束自己的行为，却立即遭到梁冀的追杀。无奈之下，袁著只得假装病亡，并让家人举行了葬礼，可他最终还是被梁冀的奴仆捉到并生生打死了。即便这样，梁冀还是觉得没消气，就又命人杀死了包括袁著的挚友胡武、郝絜在内的一些人。其中胡武家死了六十多人，郝絜最初逃亡了一段时间，后来为了不连累家人，就去了梁冀家，饮鸩而亡。

恶贯满盈，梁氏被诛

梁冀觉得自己为桓帝登基立下了大功，就总是管制桓帝，桓帝对此非常不满。

159年，桓帝偷偷在厕所里召见了宦官唐衡，问他官员中谁与梁冀有隙，唐衡说中常侍单超、徐璜和黄门令具瑗一向与梁冀不和。接着，桓帝又在密室中召见了单超等人，并对他们说："梁氏一门执掌大权，权倾朝野，我想铲除这些奸佞，你们认为如何？"这几个人听后，都义愤填膺地说早该杀了梁冀这样的奸佞之徒，望皇上早做决断，不可半路变卦。桓帝最终下定了铲除奸佞的决心。

没过多久，梁皇后因病过世。梁皇后一死，邓贵人的好日子就来了。当年，邓贵人父亲死后，母亲带着她改嫁给梁冀妻子的舅舅。现在看邓贵人受宠，梁冀为了稳固自己的权位，想认她做干女儿，让她改姓梁。

但是梁冀害怕邓贵人的姐夫议郎邴尊反对，就让刺客去暗杀邴尊。后又想杀害邓贵人的母亲。刺客想从邓母邻居家屋顶潜入，被邻居中常侍袁赦发现。邓母得知后入宫禀告桓帝，桓帝大怒。

桓帝马上命宦官单超、具瑗、唐衡、左悺、徐璜等人率军包围了梁冀的宅院，最后处死了梁家和梁冀妻子孙家的所有人，随后又没收了梁冀的家产。那些家产相当于东汉王朝半年的税收收入。

接着，桓帝又派人杀死了几十个被牵涉进此案的公卿、列校、州刺史等官员，罢免了将近三百个梁冀的旧吏和宾客。此后，朝中一片空荡，足见梁冀势力之大。

梁氏被满门抄斩，实属咎由自取。而东汉王朝外戚专权的时代在梁氏被诛后也几乎走到了终点，但是这却没能阻止东汉王朝的进一步衰败。

▶（汉）扁腹双兽环耳壶
通高26.7厘米，口径5.4厘米，小圆口，短颈，溜肩，肩上置对称铺首衔环，腹部较大，下承橄榄形矮圈足，圈足略向外撇。整器素面无纹，造型独特。

汉纪 下

党锢之祸

桓帝和灵帝在位之时，宦官专权，民生凋敝，民怨沸腾，昏君和佞臣把东汉政权一步步推向了衰亡。一些太学生实在看不下去了，就在世家大族出身的李膺等人的组织下联名奏请皇帝铲除宦官，进行政治改革，可众人最后却遭到宦官的残酷迫害。这就是历史上有名的"党锢之祸"。朝廷的腐朽导致了党锢之祸，党锢之祸也从侧面反映出东汉王朝大厦将倾。

党人议政，宦官加害

东汉时，许多儒生在讲学的闲暇时间常常谈论朝事，评论当朝的名人，人们称这种评论为"清议"。擅长清议之人被时人称为名士，他们对某个人的评价，能够有效地支配百姓的看法。那时，在野的名士们和太学生们经常联名上书，影响力不容小觑。

桓帝在位之时，李膺、陈蕃等正直的官吏受到名士们和太学生们的普遍尊重，他们与宦官集团展开了殊死搏斗。那时，宦官张让之弟贪得无厌，喜好杀孕妇，时任司隶校尉的李膺就将其抓住后斩首。宦官们见李膺如此严厉，就都收敛了一些，可他们并不甘心这样，一直盘算着除掉李膺。

这时，一个名叫张成的与宦官来往密切的术士，自称可以未卜先知。一日，中常侍侯览对张成说，桓帝不久就要大赦天下。张成回去后装什么都知道似的，说皇上会立即下旨特赦全国。有人觉得他在胡说，他就让儿子把那个人杀了。第二天，皇上果真大赦天下。张成骄傲地对其他人说："你们还不相信我能未卜先知吗？现在皇上不是下旨了吗？"李膺听闻后，怒吼道："知道要大赦又怎样，竟然弄出人命，就算是皇帝大赦，我也不能放过这样的人。"接着就处死了在大赦前杀人的张成的儿子。张成因此想让侯览、张让为自己报仇。侯览就让张成去向皇上状告李膺、太学生们和名士们一起联手诋毁朝廷，破坏风气，还把与他们对抗的所谓"党人"的名单也一起献给了皇上。

张成的弟子牢修也在皇帝面前诬陷李膺，说他与太学生们交好，诋毁朝廷。桓帝大怒，下旨抓捕李膺等人。宦官们见报复时机已到，就肆意搜捕，搅得朝廷内外人人自危。桓帝还罢免了为李膺说情的太尉陈蕃。

李膺等人在被审讯之时，故意牵涉进一些宦官，宦官们为此很担心。太学生们知道窦皇后之父窦武憎恨宦官，就去向他求助。窦武劝说桓帝放了党人，不然天下人会对朝廷失望。因此，167年，桓帝下旨放了两百多名党人，将他们遣回家中。

第一次"党锢之祸"就这样结束了。

▼（东汉）青玉云纹枕
出土于河北定州中山简王刘焉墓，玉枕长34.7厘米，宽11.8厘米，高13厘米，由整块青玉雕琢而成，质地坚实细润，枕面以汉代流行的游丝刻线琢饰出流畅且相互勾连的云纹。

汉纪 下　　党锢之祸

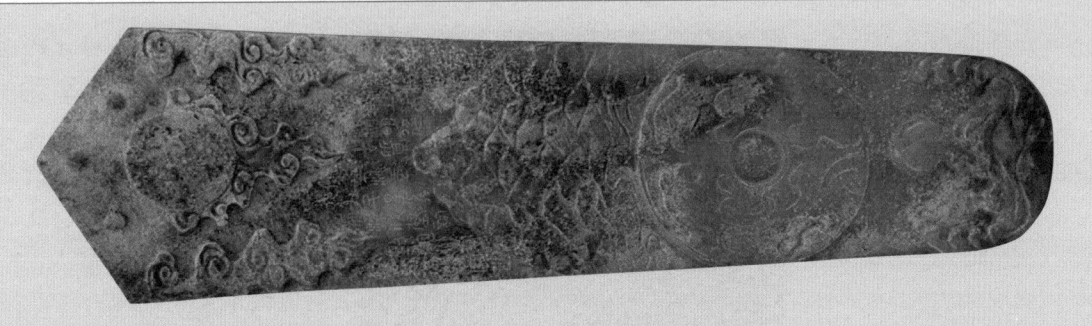

▲（汉）玉圭
上古时期，玉圭是重要的礼器，主要用于朝觐礼见、标明等级身份等。汉代时，玉圭已从社会日常生活中逐渐消失，只有王公贵族为了显示其地位才制造少量玉圭。

铲除奸宦，事败被捕

桓帝死后，窦太后和她的父亲窦武立十三岁的刘宏为帝，即汉灵帝。窦太后执掌朝政，大将军窦武和被重新起用的太傅陈蕃辅政。

窦武和陈蕃都极其厌恶宦官。在窦太后的帮助下，他们除掉了朝中的两个宦官管霸和苏康。此后，窦武又密谋把大宦官曹节等人除掉，不料计划泄露。曹节等人觉得形势急迫，就命人挟制了灵帝和窦太后，还以皇帝的名义命人逮捕窦武。惊慌失措的窦武只得躲进军营中。曹节、王甫等人率领将士围剿窦武，处死了窦武和他的亲戚、门客。陈蕃知道窦武已死的消息后，拖着年迈虚弱的身子，带领七十多个官员和学生拿着刀杀进了承明门，这时刚刚除掉窦武的宦官正好赶了回来，杀死了陈蕃。

之后，宦官们彻底掌控了东汉政权。灵帝刚即位时，年幼不懂事，长大后又沉迷于酒色、聚敛钱财，宦官们也都迎合他的喜好，灵帝因此越发荒唐起来。宦官侯览的母亲和家人在山东老家肆意妄为，山东贤士张俭奏请灵帝罢免侯览。侯览就教唆无赖朱并诬陷张俭与郡里的二十四人结党准备起兵反叛，并劝说灵帝逮捕张俭。张俭在逃亡过程中多次被人收留，最终顺利地逃到塞外。宦官们则趁机肆意地捕杀帮张俭脱离险境的人，并下令抓捕一直与宦官作对的党人。

抓捕党人之诏一出，全国一片混乱。很多读书人来到李膺家中，劝他赶紧逃命。可李膺却说："作为臣子，侍奉君主就不能害怕灾祸，我年岁已高，生死由天决定，为什么要逃呢？"因此，他就自己进了监狱，后被毒打致死。

汝南督邮负责抓捕贤士范滂，范滂得知此事后，就来到县里自首。督邮不想抓他，他对范滂说："天下这么大，去哪里不行啊？为什么要自坠陷阱呢？"可范滂不想把别人牵扯进来，甘愿被抓。县令无奈，只好把范滂的母亲请来了。范滂的母亲鼓励他说："如今你已经和李膺、杜密等人齐名了，即使死了也没有遗憾了。"最后，年仅三十三岁的范滂死于牢中。杜密等人也遭陷害惨死，还有将近一千人因受牵连而被流放、禁锢甚至斩首。

176年，永昌太守曹鸾奏请皇帝放过被囚禁、流放的党人，宦官们就生生打死了曹鸾，并诛杀了党人的众多亲戚。宦官迫害党人的活动至此达到了顶峰。

这就是第二次"党锢之祸"。

在两次"党锢之祸"中，党人不惧强权，以死反抗宦官。他们舍身求仁的精神必将流芳千古。这两次灾祸后，东汉的社会局势更加混乱。

汉纪 下
汉灵帝昏庸无能

第二次"党锢之祸"后,忠义之士遭到了彻底打击。宦官们消除了与自己直接抗衡的力量,其专权达到了历史的顶峰。昏庸无能的灵帝也荒淫到了极致。大造宫室林苑,满足自己的私欲;他卖官鬻爵,搜刮民脂民膏。东汉王朝进入了最黑暗的统治时期。

临朝执政,荒淫无度

168年,章帝的玄孙、桓帝的远房堂侄刘宏即位,即汉灵帝。灵帝年少无知,宦官控告党人意图不轨时,他都不知道"不轨"指的是什么。

▼(东汉)墓室壁画《乐舞百戏图》
图中,以鼓为中心,两人正在擂鼓助兴,周围有几组杂技表演,左右均为兴致勃勃的观众,画面勾画精致,极具生活气息。

他为了自在地玩乐,就让宦官处理朝政。张让、赵忠等十名在他身旁的宦官,都曾被封为中常侍,于是当时的人们就称他们为十常侍。这些宦官都是侍奉皇帝的人,他们为了掌权,就为年幼的皇帝找寻不同的、刺激的玩法,好让他只知享乐,不理朝政。灵帝觉得这些宦官非常了解他的心意,就更加宠信他们。一次,他竟然说:"张常侍是我父亲,赵常侍是我母亲。"

灵帝成年后开始处理朝政,并封宋氏为皇后。宋皇后温和贤淑,灵帝反而不喜欢她,没多久就找理由将宋皇后废掉了。灵帝肆意地寻欢作乐,不理朝政。

186年,灵帝在西园建造了房屋一千间,并命人在台阶上铺上绿色苔藓,在渠中种上将近一丈

汉纪 下　　汉灵帝昏庸无能

▶（东汉）击鼓说唱俑
高55厘米，俑席地而坐，头部较大，裹着头巾，前额布满皱纹，赤膊跣足，左臂环抱一个圆鼓，右手高扬鼓槌，表情激动夸张，其表演仿佛已经进入了高潮。

高的"夜舒荷"。这些荷花是南国的贡品，茎上长有四莲，花大如盖，荷叶白天卷上，夜晚张开。西园有如仙境，灵帝让宫女们在其中玩耍。有时他来了兴致，也会和她们一起玩耍。

灵帝夜以继日地在西园里和宫女们寻欢作乐。为了得知准确的时间，他在西园的北侧建了一座鸡鸣堂，养了许多鸡。而他身边的内侍为了让皇帝继续玩乐下去，就争着模仿鸡叫，致使后来灵帝都不知晓自己听到的是人声还是鸡叫声了。

那时，宫中婢女大都在十四岁和十八岁之间，个个浓妆艳抹，灵帝曾经慨叹道："这样的日子要是能过上一万年，我就胜过神仙了。"

卖官鬻爵，搜刮民财

灵帝下旨允许买官，两千万钱可买郡守级官职，四百万钱可买县令级官职。该被升职的人，出半价或是三分之一的钱就可买到官职。家境好的先出钱买官再做官，出不起钱的可延期交钱，但上任后要交双倍的钱。对于朝廷中权力较大的三公九卿这样的职位，灵帝就命心腹与想得到这些职位的人暗中进行买卖，以防止被外人知晓，一千万钱可买公，五百万钱可买卿。

灵帝还根据买官者的地位和财富来对官职进行任免。例如，贤士崔烈用半价就可做司徒，宦官曹腾的养子曹嵩（曹操父亲）的家里极其富有，他用定价的十倍（即一万万钱）买了太尉一职。后来，只要是官职就要靠买来得到，常常是一个官员刚到任没多久，另一个官员就又到任了，有时一个月内，州郡官要换好多次。官吏担心自己没了本钱，一上任就大肆搜刮钱财，为了免遭浩劫，百姓甚至卖掉了仅剩的一些谷粮，以保证新任官吏一上任就能拿到钱。

后来，京都洛阳的后宫也出现了商业街，灵帝命人用宫内的宝物、丝绸和其他东西组成商铺，让宫女在其中买卖交易。灵帝自己则扮成卖东西的商人，在市场上来来去去，有时也会去酒馆饮酒，甚至还会和人吵架、厮打。他急了，也会撵走店员，自己做店员，微笑着、装模作样地招呼客人。店里的东西时常会被宫女偷走，可灵帝都视而不见，并觉得这是件乐事。

灵帝还制作了一种比马车更为便捷和新潮的驴车，他沾沾自喜地亲自驾驶驴车在上林苑中闲逛。京都的百姓知道此事后，也都争着置办那种驴车，致使驴价暴涨，竟然超过了马的价格。

189年，汉灵帝去世，结束了他淫乱奢靡的一生。汉灵帝执政的这段时间是东汉历史上最为黑暗的时期，朝中大臣对百姓的迫害也达到了顶点。可以说，汉灵帝是促使东汉覆灭的罪魁祸首。

少年读全景 资治通鉴故事 3

▶▶ 汉纪 下　　▶▶ 黄巾军起义

汉纪 下
黄巾军起义

由于宦官当权，朝政腐败，各地遍布贪官污吏，土地兼并十分严重，百姓苦不堪言，农民和强权地主之间的矛盾也越来越不可调和，这些最终导致了以张角为首的黄巾军起义的爆发。起义军四处烧毁府衙，处斩官员，铲除强权势力，向官僚地主发动了猛烈攻击。在起义军的打击下，东汉王朝已是名存实亡。

矛盾激化，揭竿而起

灵帝在位时，各地就不断有小范围的农民起义爆发。朝廷虽然平定了这些起义，却没能阻止日益高涨的民怨。那时有一首歌谣形象地反映了当时民众要和东汉统治者同归于尽的决心："发如韭，剪复生；头如鸡，割复鸣。吏不必可畏，小民从来不可轻。"

▼（东汉）飞马纹鎏金铜牌
马作疾速奔跑状，有翅，鼻端有角，应是文献中记载的引领拓跋鲜卑南迁的神兽。

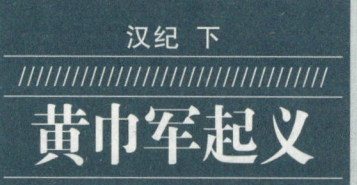

张角，钜鹿人，他创建了太平道，借助行医暗地里传授教义，并聚集民众，向贫穷百姓传播"人无贵贱，皆天之所生"的平等观念，还提议百姓一起建设一个太平盛世。很多贫穷的百姓都很拥戴他。张角自称"大贤良师"，把自己看作大众的先觉者。

张角和他的学生们分散到青、徐、幽、冀、兖、豫、荆、扬等八州传播教义，聚拢民众，十几年下来，太平道的人数达到了几十万。张角将这些人分成三十六方。大方有一万多人，小方有六七千人，每一方由渠帅来领导，渠帅统一由张角指挥。

张角还大肆散播"苍天已死，黄天当立，岁在甲子，天下大吉"的预言。"苍天"指东汉，"黄天"指太平道所勾勒的太平盛世。

184年，做了充足的准备后，大方渠帅马元义率领荆州、扬州的几万道徒在邺城集合，准备起义。可在发起总攻的前一个月，有人向官府告发，

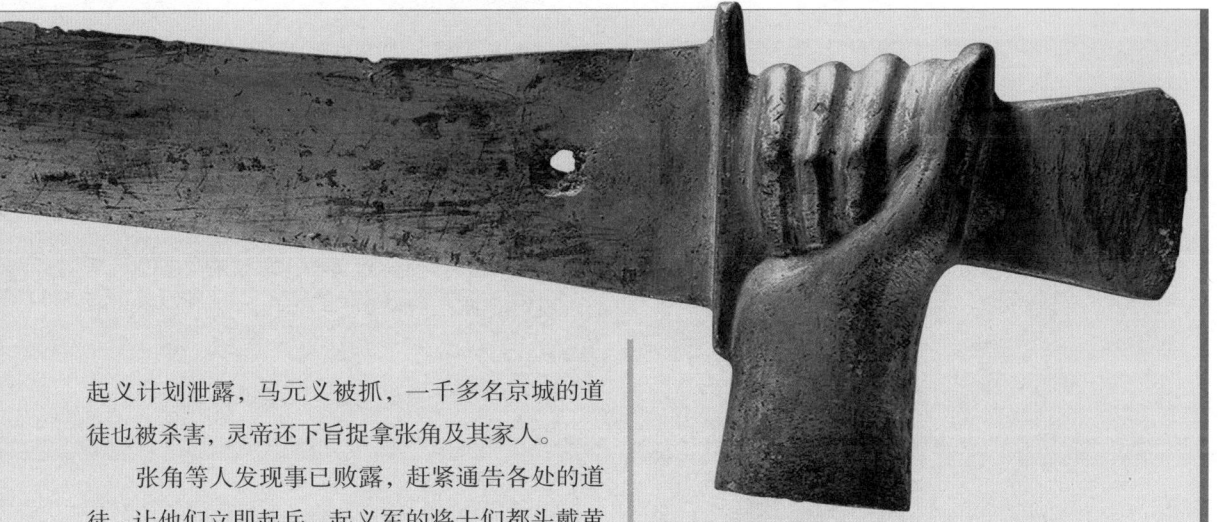

▶▶ 汉纪 下　　▶▶ 黄巾军起义

起义计划泄露，马元义被抓，一千多名京城的道徒也被杀害，灵帝还下旨捉拿张角及其家人。

张角等人发现事已败露，赶紧通告各处的道徒，让他们立即起兵。起义军的将士们都头戴黄巾，因此这次起义又被称为"黄巾军起义"。

起义军人数众多，军纪严明，因此在刚刚起义时，连连取得胜利。张角自封为"天公将军"，封他的弟弟张宝为"地公将军"，张梁为"人公将军"。"神上使"张曼成带领南阳黄巾军驻守在宛城，他们是黄巾军南方的主力部队。以波才、彭脱为首的黄巾军掌控了颍川、汝南、陈国等地，他们是黄巾军东方的主力部队。

灵帝以最快的速度调派各地精兵良将去围剿黄巾军。各处的强权势力也相继起兵，预备和朝廷一起铲除起义军。这些势力的首领包括袁绍、袁术、公孙瓒、曹操、孙坚、刘备等。

转战南北，兵败而终

面对朝廷的围剿，黄巾军英勇反抗，并多次取胜。在洛阳，以波才为首的颍川黄巾军大败以皇甫嵩和朱儁为首的四万多官兵。

不久，灵帝调遣皇甫嵩去了河北前线，并命其彻底剿灭以张角为首的农民军。

不幸的是，张角此时因病去世，以张宝、张梁为首的黄巾军接着对抗官兵。在农民军的重创

▲（汉）手形銎铜戈

手形銎戈是仪仗器物，象征着操纵生杀大权的权力之手。此器构思巧妙，造型奇特，集装饰效果与实用功能于一体，是存世青铜器中的精品。

下，皇甫嵩再也不敢轻易出营作战。之后，张梁因为自大，轻视敌军，致使农民军遭到了官兵的突袭。以张梁为首的三万多黄巾军被斩杀，众多将士的亲属也都被官兵杀死。

随后，以张宝为首的十万黄巾军在下曲阳遭到了皇甫嵩的围剿，张宝被斩杀，十万多人被俘虏。皇甫嵩进城后甚至还把张角的尸体挖出来鞭尸。

184年，以波才为首的黄巾军大败朱儁，并在长社包围了皇甫嵩。此后，由于波才作战经验不足，在草地旁扎营，致使皇甫嵩趁机在大风天顺着风点起了火，起义军大败。此后，皇甫嵩又在阳翟再次大败波才军；后来他们又在西华打败了彭脱。

以张曼成为首的黄巾军驻守在宛城，可他们没有找准作战时机，因此使官兵有了机会，张曼成被南阳太守秦颉斩杀。之后，大家推举赵弘为将领，并占领了南阳。朱儁和其他军队一起围剿

少年读全景 资治通鉴故事 3

▶▶ 汉纪 下 ▶▶ 黄巾军起义

赵弘，起义军誓死守卫城池，无法动摇。灵帝怪罪朱儁，并想惩处他，朱儁为了自保，只得筑起土山和义军拼死相争。其间，赵弘亲自作战，后被矢石所伤，献出了宝贵的生命。

很快，汉军又一次在东郡苍亭大败黄巾军卜已部，杀死了七千多起义军，并捕杀了卜已。至此，汉军消灭了东郡、汝南、颍川三郡黄巾军的主力部队。

黄巾军主力部队被剿灭后，残部和各处的农民武装仍继续进行战斗，共坚持了二十几年，沉重打击了各地的强权势力。

黄巾军起义被誉为我国古代史上少有的有组织、有计划、有纲纪的起义。它公然宣称要消灭东汉王朝，建立农民政权，相比之前的农民起义有了很大的进步。尽管东汉王朝最后残忍地镇压了黄巾军起义，可是由于起义军的重创，东汉王朝已是名存实亡了。

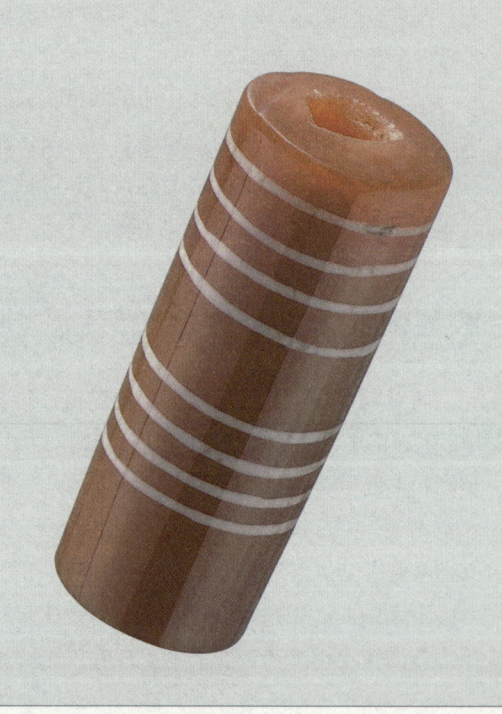

▲（东汉）"仓天乃死"字砖
1976年在今安徽亳州出土的一块与黄巾军起义相关的墓砖。墓砖上刻着"仓天乃死"，"乃"与"已"意思相通，这与黄巾军起义的口号"苍天已死"是一致的。

▶（东汉）蚀花石髓珠
通长6.1厘米，直径2.2厘米。此石珠为肉红石髓，表面的白色花纹并不是天然的，而是经化学腐蚀后由人加工而成。此类蚀花工艺最早出现于西亚和南亚一带，后传入我国。

▶▶ 汉纪 下　　▶▶ 董卓乱政

汉纪 下
董卓乱政

东汉末年，著名的黄巾大起义爆发。起义被镇压后，阶级斗争转入低潮，但东汉统治集团内部外戚和宦官的斗争却愈演愈烈。就是在这样一个风雨飘摇的乱世中，董卓走到了历史的前台。中平六年（189年），董卓领兵进京，掌控东汉军政大权。他行废立之事，使得东汉政权摇摇欲坠。

积蓄实力，闻达乱世

董卓，字仲颖，陇西临洮人。他虎背熊腰，孔武有力，身怀绝技，精通骑射，名噪一方，并且素有心计。年轻时曾游历羌地，想尽办法结交羌人的头领。只要是有羌人头领到他家做客，他都热情款待，大摆宴席，所费甚巨。羌人认为董卓身手不凡，而且为人仗义，慷慨大方，纷纷前去投奔。没过多久，董卓便在羌人中享有了极高的威望，愿意为他效力的羌人也越来越多。在与羌人交好的同时，城府颇深的董卓也没忘记笼络当地的汉族权贵。他结交当地汉族豪门大族，网罗了很多鸡鸣狗盗之徒，大肆扩张自己的势力。

汉桓帝末年，董卓因武艺出众、才智兼备被推荐出任羽林郎。后来，他以军司马之职随中郎将张奂征战并州，凭借军功升为郎中，朝廷赐他九千匹细绢，以资奖励。董卓将这些细绢统统分赏给部下，以笼络人心。从此以后，董卓不断得到擢升，累迁广武令、蜀郡北部都尉、西域戊己校尉，直至并州刺史、河东太守。黄巾起义爆发后，无力控制时局的东汉朝廷欲倚仗素有威名的董卓率军平叛，便让他任中郎将，率兵镇压黄巾军。但是此次征讨以失败告终，董卓败于黄巾军之手，朝廷下旨免去其中郎将之职。

董卓被免职的这年冬天，战乱又给了他一个东山再起的好机会。184年冬天，韩遂等人在凉州起兵反叛，几万羌胡骑兵一路高歌猛进，势如破竹，直指京师。手足无措的东汉朝廷被逼无奈，不得不再次起用董卓。此次董卓不负朝廷重托，大败羌胡铁骑。值得一提的是，当时朝廷

▶ 董卓像
东汉末年，民间广泛流传着一首民谣："千里草，何青青；十日卜，不得生。"歌谣中的"千里草""十日卜"合起来是董卓二字，"何青青""不得生"则深刻地表达了广大民众对董卓的憎恨，可见董卓的残暴。

共有六路大军一起迎击羌胡军队，其中五路大军均败于羌胡之手，损失惨重，只有董卓一路得胜返回，并驻军右扶风。由此，董卓一举成名，成为东汉朝廷倚仗的重臣。但是这些并没有满足董卓日益膨胀的野心，他一面继续培植党羽，一面等候时机。

抓住时机，率兵入京

189年，汉灵帝因病亡故，刘辩在其舅大将军何进的支持下登基，史称少帝。宦官蹇硕等人见外戚何进的势力越来越大，严重威胁到自身的利益，因此密谋除去何进。但是事情败露，何进先一步动手杀死蹇硕，其他宦官心惊胆战，连忙向何进的妹妹何太后求救。何太后宠幸宦官，阻止了何进继续追杀宦官。

为了剪除宦官势力，何进接受司隶校尉袁绍的建议，私自召董卓等各路兵马入京，以此威逼何太后剪除宦官势力。何进命董卓等人进京，无异于引狼入室，正所谓"倒持干戈，授人以柄"，这勾起了董卓攫取大权的野心。但是这一计划被宦官张让、段珪等人知道了，他们将何进骗进皇宫谋杀了。

袁绍惊闻此变，与弟弟袁术率兵杀入宫中，斩杀宦官两千余人。宦官首领张让逃脱，不知所终，汉少帝和陈留王也下落不明。

而此时的董卓已是西北实力最强的军阀，他兵多将广，野心极大，正等候时机。当他收到何进召他进京的消息时，心下暗喜。他认为此时宫中乱成一团，正是趁机夺取大权的良机，于是率军日夜兼程，开赴京师。

他抵达京师雒阳（今洛阳）近郊时，遇上了被宦官挟持出宫流浪在外的汉少帝和陈留王。董卓心下大喜，认为这是天赐良机，于是假装恭敬地对少帝行礼说："罪臣董卓，护驾来迟，望陛下恕罪！"随后备好车马，簇拥着汉少帝和陈留王，大摇大摆地进入雒阳。

趁乱弄权，祸国殃民

董卓进入雒阳后，迅速收编了何进的部队，很快又买通执金吾丁原的部将吕布，除掉丁原，吞并了丁原的部队。董卓实力剧增，不久便彻底控制了雒阳。为了进一步掌握朝廷大权，董卓欲废汉少帝，改立陈留王为帝。他召集文武百官，宣布少帝逊位，降封为弘农王，迁出皇宫；改立陈留王刘协为帝，即汉献帝。董卓自任太尉，兼前将军，后又封爵郿侯，升迁为相国，将军政大权牢牢掌控于手。他先后派人毒死了何太后和弘农王，断了众臣让弘农王复位的念头。至此，董卓通过各种手段，最终将东汉朝廷的大权完全握于掌中。

董卓生性残忍，放纵部下闯入雒阳城抢夺财物，奸淫掳掠妇女。一次，董卓领兵外出，适逢二月社日，路上行人众多。他认为行人太多阻碍其策马驰骋，便命士兵将街上的男子全部斩首，把妇女和财物全都抢到马车上，随后令手下将遇害者的首级拴在车辕上，谎称杀敌得胜而回。他还常常以严刑处罚朝臣，甚至淫乱后宫。他心胸狭窄，睚眦必报，使得朝廷上下乌烟瘴气，人心惶惶。

当时民间流传着一首民谣："千里草，何青青；十日卜，不得生。""千里草"是"董"，"十日卜"为"卓"，合起来便是"董卓"二字；"何青青""不得生"则表示百姓急切希望董卓死去，可见百姓对他痛恨之至。不仅是普通百姓，就连高官显爵、豪强地主等，也都对他深恶痛绝。在这种情况下，一个征讨董卓的联盟逐渐形成，伐董战争一触即发。

▶▶ 汉纪 下　　▶▶ 董卓乱政

▲董卓火烧雒阳城
190年，袁绍、孙坚等人兴兵讨伐董卓。董卓挟持献帝迁都长安，并焚烧雒阳宫室、官府和民居，强迫数十万百姓随迁，致使雒阳周围二百里内荒芜凋敝，人烟绝迹。

汉纪 下　　董卓乱政

火烧雒阳，对抗联盟

190年，袁绍、袁术、韩馥、孔伷、刘岱、王匡、张邈、桥瑁、鲍信、曹操等十几路人马齐聚酸枣同时起兵，推举袁绍为盟主。袁绍历数董卓的罪行，呼吁各路盟军勠力同心，诛杀董卓，为国为民除害。

大会之后，袁绍和河内太守王匡驻军河内；冀州牧韩馥留守邺城，负责军粮供应；豫州刺史孔伷驻军颍川；兖州刺史刘岱、陈留太守张邈、广陵太守张超、东郡太守桥瑁、山阳太守袁遗、济北相鲍信、奋武将军曹操驻军酸枣；后将军袁术驻军鲁阳。盟军从北、东、南三面对董卓形成夹击之势。

董卓在雒阳听到这个消息，起初有些惊慌失措，后来渐渐冷静下来。他接受幕僚李儒的建议，决定以物产丰盈的关中为根据地，退到长安设防，使得各路盟军对他的包围失去意义。因此，他借口雒阳不易坚守，将汉献帝和数十万百姓、臣工挟持到了长安。搬迁途中，百姓饥寒交迫，尸横遍野，场面惨不忍睹。临走前，董卓竟派人将雒阳的宫室、民房一把火烧了。雒阳城方圆二百里内的宫室、民房尽毁，昔日繁华的都城化为灰烬，到处都是残垣断壁。

董卓的恶行不仅严重破坏了雒阳城内的经济，而且损毁了各种文化遗产，很多珍贵的书籍、文物遭到毁灭性破坏。曹操曾就此在《薤露行》中写道："贼臣持国柄，杀主灭宇京。荡覆帝基业，宗庙以燔丧。播越西迁移，号泣而且行。瞻彼洛城郭，微子为哀伤。"

在董卓撤退的过程中，汇集在酸枣周围的讨董盟军却大多作壁上观，各自打着自己的小算盘。部分诸侯派兵出战，也因与董卓军实力悬殊，战败而回。不久，联盟内部出现了分歧，各路军队相互间产生了摩擦，甚至互相大打出手。盟主袁绍无力控制局面，只得听之任之，讨董联盟最终土崩瓦解。董卓也得以继续作威作福，百姓仍生活在水深火热之中。

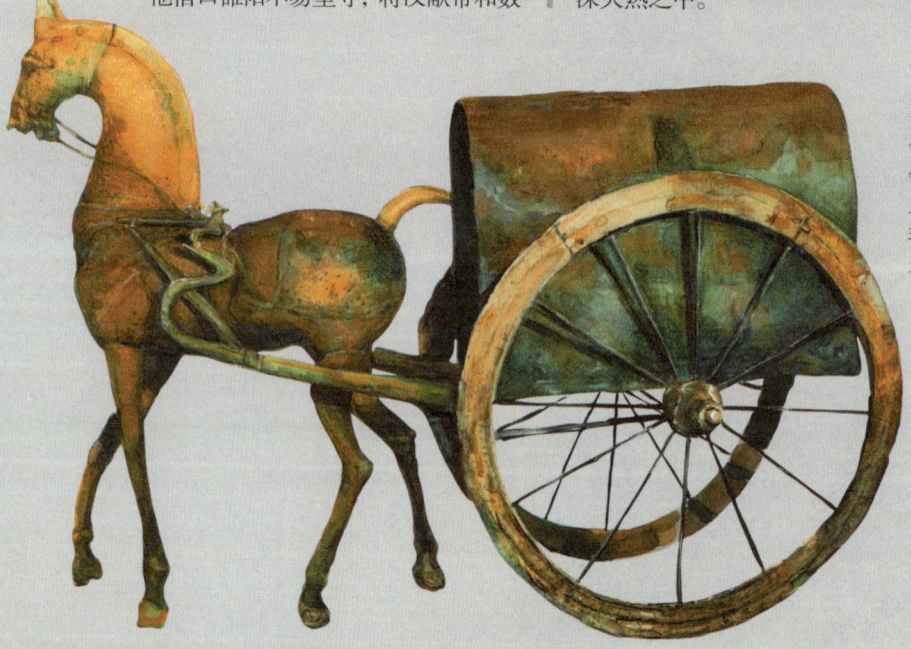

◀（东汉）铜车马
铜车马是东汉时期的铜铸物，与铜奔马同时出土。其设计独特，合理，寓意丰富，具有极为重要的史学价值。

汉纪 下　　曹操初露锋芒

曹操是中国历史上争议颇大的人物。他有勇有谋，才华出众，求贤若渴，知人善用，凭借其才智，成为三国诸雄中最杰出的人物之一。但他生性多疑，阴险无比，心胸狭窄，嗜杀成性。关于曹操，东汉名士许劭曾有一句著名的评论："治世之能臣，乱世之奸雄。"

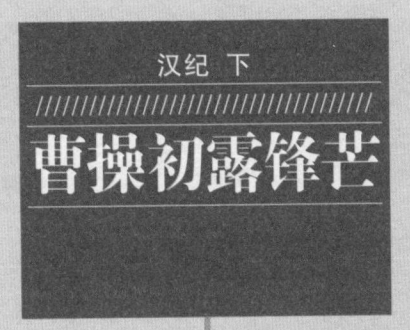

机智聪颖，个性不羁

东汉末年，皇帝懦弱无能，宦官、外戚交替专权，统治阶级内部斗争激烈，统治日趋腐朽，平民百姓深受豪强地主的剥削，生活在水深火热之中，流离失所。整个社会乌烟瘴气，政局不稳。曹操就出生在这样的乱世。

曹操，字孟德，沛国谯县人。他自幼聪颖，少年时期爱好飞鹰走狗，喜欢到处游玩、打猎等，性格桀骜不驯。

他的叔父认为他没有上进心，常常向曹操的父亲打小报告。有一次，曹操叔父在路上看到曹操仰卧于地，四肢抽搐，口有白沫，急忙上前询问，曹操说自己中风了。叔父惊恐无比，急忙去叫曹操的父亲。等曹父来时，曹操已恢复正常。面对父亲的询问，曹操答道："我根本就没有这种病，定是叔父不喜欢我，才跟您这么说。"自此以后，曹父便不再相信曹操叔父所说的话了，曹操因此更加无拘无束。

曹操这种放荡不羁、桀骜不驯的个性自然使他被排斥在当时的主流社会之外，因此他成年后并没有得到过多的关注和器重。而当以伯乐著称的太尉桥玄见到曹操的时候，却对他称赞不已，说："乱世将至，不是有济世之才的人不能救民于水火，安定天下，就看你了！"接着，桥玄又推荐曹操去见名士许劭。

当时，要想入仕途做官，需要有一定的名气，这样才有机会被人举荐或者被朝廷征召。许劭是当时有名的评论家，以识人著称，看人的眼光独到精准。他经常在每月初一发布自己对当时人物的品评，被称为"月旦评"。人们若能获得他的好评，便会身价倍增。许劭见到曹操，对他细细审视之后，评价道："子治世之能臣，乱世之奸雄。"此后，曹操名气大增。

惩处恶霸，初显身手

曹操二十岁时，被推举为孝廉，而后出任雒阳北部尉，自此进入官场。

雒阳是东汉的京师，那里住着很多皇亲国戚、达官显贵。他们恃强凌弱，横行霸道，百姓苦不堪言，却有苦无处诉。

曹操决意严惩这些地主豪强、贪官污吏，为民做主。他刚一上任，便重申法纪，宣布禁令。他让部下制作了十几根大棒，上面分别饰以红、黄、蓝、黑、白五色，并挂在衙门左右两边。他宣布：凡是违反法纪的人都会受棍棒之刑。百姓对此多有议论，认为他只是"新官上任三把火"，做做样子而已。

除了上述的措施外，他还命人每天巡夜，有时还亲自带头巡城。有一天晚上，曹操正率兵巡夜，忽见远处出现一队人马，他拍马上前查问。带头的人是宦官蹇硕的叔父，此人倚仗蹇硕的权势到处作恶。曹操早就听说过他，正想趁此机会惩治他。蹇硕的叔父不知曹操所想，根本不将曹操这个小官当一回事，对曹操的盘问置之不理。曹操

少年读全景
资治通鉴故事 3

▶▶ 汉纪 下　　　▶▶ 曹操初露锋芒

▲曹操兴师
190年，各路大军推举袁绍为讨董联盟盟主，扬言要讨伐董卓。然而，将领们各怀心机，并非真心讨伐董卓。曹操愤怒之下独自率军西征，虽败犹荣。

▶▶ 汉纪 下　　　▶▶ 曹操初露锋芒

◀（东汉）辟邪三足石砚
面圆形，三足。砚盖表面琢磨光滑；盖顶圆雕怪兽昂首高视，体态雄健，颇具神韵。此砚雕刻技法娴熟，古朴生动，具有显著的汉代雕刻艺术的特征。

大怒，对手下说："来人！把这个刁民拿下，重打五十棍！"部下听令后，立刻蜂拥而上，将蹇硕的叔父捆起来便打。蹇硕的叔父此时非常惊恐，连忙告饶，可曹操不为所动，示意部下继续行刑。结果，不到五十棍，便将蹇硕的叔父活活打死了。自此以后，雒阳的地痞流氓、贪官污吏再也不敢恣意妄为了。他们十分憎恨曹操，于是联名上书，要求将曹操调离雒阳。很快，曹操便被调到顿丘去了。

黄巾军起义爆发后，汉灵帝任曹操为骑都尉，让他和卢植等人一起进攻颍川的黄巾军，后来曹操获得了胜利。随后，曹操升任济南相。在那里，曹操再次严惩贪官污吏、地痞恶霸。当地的社会风气因而好转，史称"一郡清平"。当时全国政局不稳，朝廷又任命曹操为东郡太守，他不愿与权贵同流合污，遂托病辞官。后来，曹操又被任命为典军校尉。他在朝中眼见董卓造逆，便到了陈留，"散家财，合义兵"，组织起一支五千人的军队，准备讨伐董卓。

独力西征，虽败犹荣

190年，袁绍、袁术、张邈、桥瑁等十几路人马齐聚酸枣，正式成立以袁绍为首的讨董联盟，曹操亦在其中，他出任奋武将军，立志讨董。董卓得知消息后，决定以物产丰盈的关中为根据地，退到长安设防，并火烧雒阳城，使得联军对他的包围失去意义。

董卓西撤，各路军队却迟迟未有动作。身怀远大抱负的曹操站了出来，他说："我们结盟是为了征讨残暴不仁的董卓，救万民于水火。董卓焚毁宫室，掳劫天子，使得天下大乱。此次结盟正是除去董卓的大好时机，各位同僚为何迟迟不出兵呢？"这番义正词严的演说并未说动各路诸侯，曹操愤怒之下独自率领五千兵士向成皋进发。张邈心有所动，思虑再三后调给曹操数千人马。

董卓收到曹操西征的消息后命部将徐荣领兵迎战。曹操率军抵达汴水，碰上了前来迎战的徐荣。两军开战，战鼓声响彻天际，士兵厮杀激烈。

曹军兵力不足，加上劳师远征，交战不久便显出败势，最后溃不成军。曹操骑马逃走，徐荣率军在后紧紧追赶。慌乱之中，曹操中了一箭。随后，又是一箭射来，射中了曹操的战马，此马受惊，将曹操甩下马来。后面追兵追了上来，眼看曹操性命堪忧。此时，他的堂弟曹洪及时赶到，让出自己的马，曹操骑着曹洪的马，得以脱险。

曹操返回酸枣后，发现别的诸侯依然按兵不动，而且天天饮酒聚会，将讨董之事置于一旁。可曹操还是力劝各盟军抢占军事要地，之后再分兵西进武关，包围董卓，但是这些诸侯依然不为所动。

曹操看清了各路诸侯的本来面目，于是带着自己的部队去了河内，以图积蓄力量，东山再起。他虽然在汴水之战中输给了董卓的部将徐荣，但却在这次讨董之战中表现出了过人的胆识和才智，从此在乱世中崭露头角。

少年读全景 资治通鉴故事 3

汉纪 下　　王允计诛董卓

汉纪 下
王允计诛董卓

讨董联盟瓦解之后，独揽大权的董卓更加肆无忌惮。他无视汉献帝，羞辱文武百官，压榨、迫害百姓，使得全国各阶层都对他深恶痛绝，欲除之而后快。汉献帝初平三年（192年），在一浪高过一浪的声讨声中，董卓终于被诛杀，受到了应有的惩罚。而担任铲除董卓这一历史重任的主要策划者和组织者，便是司徒王允。

▼（东汉）鎏金铜斛
我国的鎏金工艺品自战国以来即大放光彩，两汉时更加引人注目。其制作方法是将金与银混合熔化后，涂在铜器表面，经温烤后固著，再加以打磨，其色经久不褪。

乱臣当道，国无宁日

讨董联盟形成后，董卓将自己一手扶持的汉献帝胁迫到长安，并自比为西周的太公姜尚，让汉献帝也称自己为"尚父"。他进出都使用天子仪仗，上朝不行君臣之礼，肆无忌惮，同时任人唯亲，对自己的亲族大肆封官，连刚出生的小孩都被封为侯。他生活腐败，声色犬马，在离长安二百五十里的郿坞大兴土木，修筑宫殿，其奢华程度相比皇宫有过之而无不及。董卓将抢掠来的无数金银财宝和美女、彩帛、粮食等尽藏于此，仅囤积的粮食便足够其亲族吃上30年。由于董卓残暴不仁，喜怒不测，在文武百官面前肆意杀人，其凶残让人毛骨悚然，朝中众臣对其尽皆胆寒，担惊受怕，人心惶惶。时局已到了"董卓不除，国无宁日"的地步。

董卓生性凶残，对自己的心腹一样残忍、暴虐。他的义子吕布身为亲卫，处处对董卓照看周到，可董卓经常对吕布大发雷霆。一次，吕布因事顶撞了董卓，董卓盛怒之下随手拿起一把戟投向吕布，多亏吕布身手敏捷，武艺精湛，躲闪得快，才未受伤。之后，吕布立即向董卓赔罪，这才得到原谅。不过，此事之后，吕布便对董卓怀恨在心。

拉拢吕布，诛杀国贼

在董卓横行无忌、恶行不断之时，朝廷里有一个人正在私下谋划，等待时机除掉董卓。此人便是司徒王允。

王允字子师，太原祁人，出身官宦世家，汉献帝时出任司徒、尚书令。他对董卓的倒行逆施极为不满，决意除掉董卓，为民除害。王允颇有心计，他知道自己是一介文官，势单力孤，假如明里和董卓对着干，无疑是自寻死路，所以他决意韬光养晦，等待机会。

通过对董卓的阿谀奉承，王允渐渐得到了董卓的信任，而他诛董的准备也越来越充分。但是王允清楚，董卓不是无能之辈，身边随从众多，防卫严密，他自己更是武艺高强，如果不谨慎行事，一不小心便有家破人亡之祸。所以，王允打算在

汉纪 下　　　　王允计诛董卓

董卓集团的内部找一名内应，里应外合，如此才能使董卓猝不及防。

王允探知董卓与吕布间矛盾重重，便有心劝说吕布共诛董卓。有一天，他在密室里会见吕布，对吕布许下高位显爵的承诺，想让吕布做内应，合力除掉董卓。吕布早已对董卓生了杀心，但是碍于自己是他的义子，弑父恐怕招致他人议论，因此犹豫不决，对王允说："我欲杀老贼，但顾念父子之情，难于下手。"王允笑答："将军姓吕，他姓董，这算什么父子，再说掷戟之时，他可曾顾念父子之情？"听完王允之言，吕布又回想起自己的宠妾曾被董卓强占，新仇旧恨交织在一起，他气愤难当地说："若不是司徒大人一语惊醒梦中人，我几乎自误！"随后他举剑盟誓："不杀董贼，誓不为人。"王允又叮嘱吕布："此事关系重大，切勿走漏风声！"然后，两人商定了诛董的具体行动计划。

192年，汉献帝大病初愈，在未央宫设宴款待文武百官，董卓大摇大摆地前往赴宴。为了防止不测，他命亲卫紧跟在两旁，并让吕布执戟紧随其后，然后便像平常一样飞扬跋扈地朝宫门走去。他不知道，一个精心策划的陷阱正在等着他。董卓刚一跨进宫门，早已埋伏在宫门里的李肃便举枪来刺。董卓贴身穿有铁甲，所以只受了点轻伤。他一面避枪，一面大叫吕布救他。吕布上前，拿出诏书，大声读道："皇帝

▶除暴凶吕布助司徒
王允探知董卓与其义子吕布之间矛盾重重，便会见吕布，对吕布许下高位显爵的承诺，欲让吕布做内应，合力除掉董卓。

有诏，诛杀奸贼董卓。"董卓见吕布出卖自己，恼羞成怒，大骂："狗奴才，你敢……"话音未落，吕布上前一戟命中董卓咽喉，结果了他的性命。

长安百姓听闻董卓已死，皆奔走相告。董卓被弃尸街头。董卓作恶多端，残暴不仁，最终不得好死，实属罪有应得。

举措失当，引火烧身

董卓死后，凉州兵群龙无首，成了一盘散沙。凉州兵战斗力强，对董卓忠心耿耿，怎样处置他们是摆在东汉朝廷和王允面前的一个难题。按

少年读全景
资治通鉴故事3

▶▶ 汉纪 下　　▶▶ 王允计诛董卓

◀（三国）东吴魂瓶
魂瓶是三国两晋时期长江中下游地区墓葬中特有的陪葬品。

照王允的想法，解散凉州兵是彻底扫除董卓势力的最好办法。但是，他没有料到，危险正离他越来越近。

王允欲解散凉州兵的消息刚刚传开，便流言满天飞。有人说，王允解散凉州兵后会将他们一一捕杀；还有人说，王允要荡平凉州，以绝后患。一时之间，整个凉州城陷入一片惊恐之中。凉州兵对王允失去了信心，他们认为既然难逃一死，还不如起来抗争一下，或许还能有条活路。李傕和郭汜是当时凉州军中威望最高的将领。他们即刻集合全部凉州兵，打出

为董卓报仇的旗号，声势浩大地攻向长安。朝廷的士卒本就对彪悍粗犷的凉州兵心有惧意，现在见他们士气如虹，情绪激动，心下尽皆骇然，刚与凉州兵交战，便阵形大乱，很快就被杀得落荒而逃，大败而归。李傕、郭汜的军队势如破竹，锐不可当，不久便占领了长安。

吕布见形势危急，急忙叫王允一起出逃，但被王允拒绝了。最后，王允被李傕、郭汜处死。汉献帝痛心不已，百姓也十分悲痛，他们原盼着王允能安抚四方，平定乱世，而今是没有希望了。

王允韬光养晦，暗中密谋，最终除掉了祸国殃民的董卓，有功于国家社稷。但是他掌权之后，举措失当，逼反凉州兵，最后死在李傕、郭汜手里，实在让人感慨。但是，东汉的统治日益腐朽，积重难返，走向灭亡是历史的必然，以王允一己之力岂能回天？

▼（东汉）彩绘陶牛车
东汉年间，贵族间开始流行乘坐牛车出行的风气。牛车行走平稳，乘坐舒适。

汉纪 下　　鬼才谋士贾诩

鬼才谋士贾诩

贾诩是汉末董卓和曹操的重要谋臣。他胸有城府却不喜外露，功劳甚大却不居功自傲，颇有张良遗风；他仕途坎坷而泰然自若，洞察世事并有始有终，又有陈平之风。他靠自己非凡的智慧和奇谋妙计，为董卓、曹操谏言献策，间接影响了汉末乃至三国时期的历史走向，被时人称为"鬼才"。

一言转乾坤

贾诩，字文和，武威郡姑臧人，汉末著名军事家、谋士，富有计谋，时人称其为"鬼才"。贾诩年轻时曾做官，当时的汉阳名士阎忠对他评价颇高，称赞他"有良、平之奇（良，即张良；平，即陈平）"。

一次，贾诩因病返乡，在半路碰上氐族军士，随行的十多个人都被抓走了。那时的太尉段颎曾守卫边疆多年，威震西部。贾诩为了保命，就骗氐族军士说："我是太尉段公的外孙，你们别杀我，我家一定会用重金赎回我。"此计果然有用，氐族军士惧于段颎的威名，不敢加害贾诩，只好放了他。贾诩略施小计，便得以脱身，是这批人中唯一一个活下来的。史书评价贾诩时说："权以济事，咸此类也。"

192年，董卓被王允、吕布所杀。贾诩当时是董卓系的官吏，他的上司牛辅也在逃亡的过程中被部下加害，一时间凉州军内人人自危，军心涣散。董卓旧部李傕等人惊慌失措，也准备逃亡。

贾诩为求自保，便出面阻止了李傕。他说："听说长安有人商议要杀尽凉州士兵，大家如果弃众单独行动，一个亭长就能让你们束手就擒。不如一同攻入长安，为董公报仇，倘若侥幸成功，就可以以朝廷的名义征战四方，如果不能成功，大家再走也不晚啊。"

此计为李傕等人所接受，由此改变了凉州兵的命运。李傕等人以为董卓复仇为由，一路收编旧部，到达长安时，部队已有十万人之多。最终，长安城破，吕布逃亡，王允被处死，凉州兵大获全胜。

▶（汉）汉规矩纹镜
此镜为铜镜的一种，制作精良，形态美观，图纹华丽，铭文丰富，是我国古代文化遗产中的瑰宝。

少年读全景
资治通鉴故事 3

▶▶ 汉纪 下　　　▶▶ 鬼才谋士贾诩

贾诩因功被李傕提升为左冯翊。没多久，李傕又要封贾诩为侯，被贾诩拒绝，并说："此救命之计，何功之有？"事实上，贾诩明白进攻长安于理不合，加官晋爵无疑会加重自己的罪孽，如今政局不稳，世事多变，还是低调为人，给自己留一条后路为好。因此当李傕又想让贾诩出任尚书仆射时，贾诩再次婉拒，最后只做了个尚书，负责诏书起草、人事调动之类的事情。

智胜曹孟德

贾诩曾与西凉军阀张济一起做过官。关中时局不稳时，张济领兵到了南阳郡。在与刘表的作战中，张济中箭身死，其族子张绣接管了他的部队。

197年，在贾诩的劝说下，驻军宛城的张绣与荆州刘表结成联盟。张刘联盟成为曹操的心腹之患，因此曹操屡次派兵攻打张绣。198年，曹操又一次南征张绣，曹军久攻不下，决意撤军。张绣亲率大军追击，此时贾诩劝说："不可追也，追必败。"

张绣一意孤行，领兵追击，果然被曹军打败。这时，贾诩又说："继续追，必定取胜。"张绣说："没听您的话才会打败仗。如今打了败仗，为什么还要继续追？"贾诩说："形势有变，去追一定取胜。"

张绣听取贾诩的建议，收集残部继续追击，果然大败曹军。凯旋之后，张绣向贾诩询问个中缘由。贾诩解释说："这很容易理解，将军虽然长于用兵，却逊曹操一等。按说曹军后撤，曹操本应亲自断后，这样我们追击的士兵再厉害，也不会取胜，因为我们的将领比不上敌方，并且对方士气非常强盛。然而，曹操这次没有全力攻打我们就撤退了，一定是后院起火，他急于回到后方处理要务，所以打退将军的追兵后，自己定会一心撤退，从而命令其他部将断后。他的部将也很勇猛，但却不是将军的对手，因此将军

▲（三国）指南车复原模型
三国时马钧创制的指南车采用齿轮传动系统和离合装置来指示方向，不管车子如何转向，车上的小人手臂始终指向南方。

少年读全景
资治通鉴故事 3

▶▶ 汉纪 下　　▶▶ 鬼才谋士贾诩

▲贾诩劝张绣

198年，曹操南征张绣未果，决意撤军。张绣欲亲率大军追击，贾诩劝道："不可追也，追必败。"张绣一意孤行，领兵追击，果然被曹军打败。

继续追击必定取胜。"张绣听了这番话，对贾诩愈加佩服。

曹营献奇谋

199年，正值袁绍与曹操对峙官渡之际，袁绍派人招降张绣，欲交好贾诩。张绣意欲答应，贾诩却当着来使的面让张绣拒绝袁绍，说袁绍气量小，即使现在实力相对较强，最终也难成大器；反观曹操，他志存高远，素有抱负，再加上现在实力不济，因此一定会重用前去奔的人，绝不会翻旧账。

张绣认为贾诩所言极是，便率军归顺曹操。张绣来投，避免了曹操在官渡之战中两面作战的

被动。曹操听到这个消息十分高兴，亲自会见了贾诩，对他说："使我信重于天下者，子也。"曹操任命贾诩为执金吾，封都亭侯，迁冀州牧。

200年，曹操和袁绍在官渡大战。曹军即将粮尽，形势堪忧，于是曹操向贾诩请教应对良策。

贾诩答道："您在智慧、勇猛、用人、决策等方面都远在袁绍之上，有这样的优势而没有在半年的时间内打败对方，是因为考虑得太过周详。只要时机一到，定能速战速决。"曹操觉得他说得很对。随后，曹操抓住机会，袭取乌巢，大败袁绍。扫平河北后，曹操自领冀州牧，升贾诩为太中大夫。

后来，曹操与马超大战于渭南，争夺关中之地。马超受挫，欲与曹操议和，曹操不答应。此后，马超屡次前来挑战，曹操皆拒不出战。马超欲战不得，心下着急，遂再次要求曹操议和，并提出送自己的儿子来当人质，以此表明自己的诚意。曹操询问贾诩，贾诩认为可虚与委蛇，假意答应，骗过马超，暗中则做好准备，等待机会歼灭马超。

曹操又问怎样才能打败马超，贾诩说："离之而已。"曹操于是采用此计，写信挑拨马超和他的战略伙伴韩遂的关系，导致他们内讧，然后趁机发兵，最终大败马超。

虽然贾诩多次为曹操出谋划策，得到曹操器重，但是他一直谦卑谨慎。他认为自己非曹操旧臣，容易招来猜忌，所以采取自保策略，尽量不和人私下交往，他的子女也不与权贵婚配。因此，当时天下士人都对他评价极高。

贾诩凭借自己的智慧和谋略，在动荡不安的时代里，明哲保身，安全地度过一生，得以善终，比起那些命运起伏不定的谋士们，的确难能可贵。

汉纪 下　　吕布白门楼被斩

汉纪 下
吕布白门楼被斩

吕布，字奉先，五原郡九原人，是东汉末年的一员猛将。他擅长骑射，膂力过人，最初投靠荆州刺史丁原，后被董卓收买，杀死丁原转投董卓。又因与董卓有隙，与司徒王允设计杀了董卓。此后，吕布拥有了自己的军队，与曹操为敌，和刘备、袁术等武装力量时敌时友，最终因不敌曹操和刘备的联军而被曹操斩杀于白门楼。

反复无常，屡搅战局

195年，吕布与曹操争夺兖州，曹操取得了胜利，吕布率谋士陈宫投靠刘备。刘备刚入主徐州，苦于无人无势，便收留了吕布，让他暂住小沛。此时，袁术雄踞淮南，欲称帝，还想吞并徐州，因此于196年领兵攻打刘备。在刘备和袁术鏖战之际，吕布与袁术勾结，趁机取了徐州，迫使刘备退守海西。后来袁术出尔反尔，拒绝借粮给吕布，吕布大怒，与刘备和解。刘备无路可走，只得答应求和，率军暂住小沛，此后不断招兵买马，实力大增。有谋士对吕布进言："刘备岂是等闲之辈，他日必将卷土重来，将军定要防备此人。"吕布听后十分后悔收留刘备，后来便以张飞抢自己的战马为借口，出兵攻打刘备。刘备见形势不利，率部队连夜突围，逃到许都，投靠了曹操。

曹操对刘备礼遇有加，并上表汉献帝，封刘备为豫州牧。曹操的谋士荀彧对曹操进言说："刘备有英雄之志，今日不除，日后必成祸患。"曹操犹豫不决，于是征求谋士郭嘉的意见。郭嘉说："主公兴兵除暴安良，深受百姓爱戴，尚贤纳谏之德亦世人皆知。刘备素有大志，算得上英雄，他来归顺主公，主公如若杀了他，就必定落个诛杀贤人的骂名。要是这样做了，您手下的将士也会人人自危，考虑重新选择主人，那么谁来助您平定天下呢？"曹操深以为然，便给刘备发兵发粮，让他独自发展。

再看吕布，性情反复无常，见利忘义，看到袁术称帝之后，欲前往投奔。曹操怕吕布和袁术结

▼（东汉）陶船
此陶船于1955年在广州东郊汉墓出土，长56厘米，宽15.5厘米，高16厘米。其依照真船的结构、形状，按比例制作，十分精致。平头、平尾、平底，有前、中、后三舱。后舱为舵楼，舵形似木桨。船前部两侧装有桨架。

汉纪 下　　吕布白门楼被斩

▶白门楼吕布殒命

吕布不听谋士劝谏，又虐打部将，大失人心，最终因部下出卖而被曹操所擒，命丧白门楼。

盟会成为自己的心腹大患，便千方百计利诱吕布，此外还私下以高官厚禄拉拢吕布手下的陈珪、陈登父子，要他们做内应，监视吕布的一举一动。

197年，吕布出兵攻打刘备，刘备不敌。吕布的不断扩张显示出他野心不小，曹操认为留着吕布是养虎为患，因此亲率大军前去围剿，并要刘备策应。曹刘两军会合，围困吕布于下邳城。

偏听即信，命断白门楼

吕布见曹操势大，曹军众多，士气高涨，心中有些惧怕，未战而先输气势，加之自己兵力不如曹操，因此欲开城投降。吕布手下的谋士陈宫进言说："曹操长途跋涉，很难长久支撑下去。将军最好出城迎击曹军，属下等在城内死守，待时机一到，攻打曹操后方，与将军一同来个两面夹击。不出一个月，曹操粮草耗尽，必败无疑。"吕布认为此计甚好，便回去打理行装。其妻严氏对吕布说："陈宫、高顺一向不和，夫君出城后，这两个人一定不会齐心守城，一旦事情有变，夫君凭什么力挽狂澜呢？你还是仔细考虑考虑，不要为陈宫等人所误。"吕布听了此话，也觉得在理，便下令坚守城池，不得出战。

曹军数次攻城未果，士卒劳累不堪，曹操见久攻不下便想撤军。他手下的谋士荀彧、郭嘉先后劝他说："吕布勇而无谋，今屡战屡败，军中必定士气低迷。那陈宫虽有些见识，但思维缓慢。因此我军应该趁对方士气没有恢复的时候迅速进击，一定可以成功。"曹操接纳二人的建议，派兵挖掘土沟，引沂、泗之水，水淹下邳城。

吕布见据守城池之策没有效果，心中着急。此时，吕布部将侯成的手下盗走十多匹战马，欲投奔刘备。侯成觉察后，及时拿住此人，夺回了战马，将领们因此为侯成庆功，宰猪置酒，献于吕布。吕布正在气头上，见此便暴怒道："我下令不许喝酒，你却准备酒，这是想害我吕布吗？"遂将侯成推出去重责一百大板。侯成好心献酒，却莫名其妙地挨了打，心中对吕布怨恨不已，便跟别的将领商议离开吕布。于是他们把陈宫、高顺等人绑了，开门出城，投靠了曹操。

吕布白门楼被斩

之后,曹操猛攻下邳,吕布无力招架,被迫投降。曹操亲自登上白门楼(位于下邳城外城南门),命人将吕布捆紧。吕布不想死,连忙对曹操说:"您的顾虑就是我,如今我已束手就擒,不再对您有威胁,只要您放我一马,我一定助您平定天下。"他又看到刘备在侧,忙说:"刘玄德已成座上客,而我却成阶下囚。绳子绑得太紧,我快不能说话了。"曹操笑答:"绑老虎不能不绑紧哪。"说完欲让部下为他松绑。刘备制止说:"不可!您忘了吕布是怎么对待丁奉和董卓的吗!"曹操马上回过神来,遂决意处死吕布。

曹操转身对同样被捆的陈宫说:"你素以深谋远虑著称,到了今天这个地步,有什么想法?"陈宫看一眼吕布,摇头道:"若不是这个人不听我的话,怎么会到这个地步!"曹操问:"今天的事怎么办呢?"陈宫说:"作为臣子没能尽忠,作为人子没能尽孝,唯有一死了。我听说以孝道治天下的人不会加害对手的双亲,我的老母能不能保命,就全看您了。"

曹操又问:"那你的妻子、儿女呢?"陈宫说:"我听说施行仁政的人不会断绝别人的香火,我的妻子儿女能不能活命,也在于您。"于是,曹操下令处死了吕布、陈宫、高顺等人,并将陈宫妻儿老母接到许都生活。

吕布一生英勇无敌,战力过人,但他缺少智谋,见利忘义,眼光狭隘,没有曹操、刘备的果断刚毅及知人善用,所以难成大器。但是不管怎样,吕布依然是当时一个重要的人物,他的存在在一定程度上影响了东汉末年政治及军事格局。

▼(东汉)持戟青铜骑士俑出行仪仗队
甘肃武威雷台汉墓出土,武士高30厘米,马高40厘米左右,身长35厘米左右。武士跨坐在马鞍上,戴帽,穿交领衣,左手执辔,右手举戟。

▶▶ 汉纪 下　　▶▶ 挟天子以令诸侯

汉纪 下
挟天子以令诸侯

曹操曾在征讨董卓时孤军奋战，虽然被徐荣击败，却也从中获得了宝贵的战斗经验。初平三年（192年），曹操和鲍信合力击败了青州黄巾军，将其中的精锐部队挑选出来组成军队，号"青州兵"。由此，曹操实力倍增。此后，他陆续击败了袁术、陶谦、张邈、吕布等，并在兖州建立了自己的根据地，意欲争夺天下。曹操很清楚，要想一统天下，仅有强大的军事力量是不够的，因此他把汉献帝迎到许县（今河南许昌），取得了"挟天子以令诸侯"的政治优势，从而开始了他剪灭群雄、统一北方的战争。

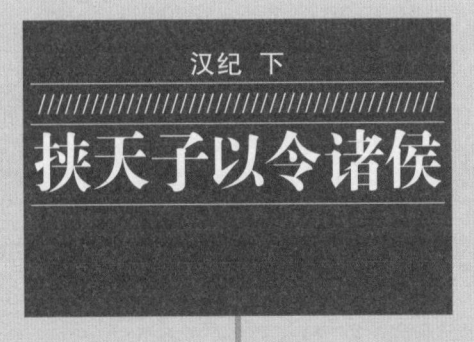

曹操施计迎献帝

经过多年的南征北战，曹操终于建立了自己的根据地。但他十分清楚，要想继续扩大自己的势力范围，不能只靠强大的军队，还要有强大的政治影响。这样才能拥有权威，统率各方势力。而奉迎汉献帝无疑是一招好棋。

汉献帝一直是一个有名无实的皇帝。自从董卓被除掉后，王允便掌控了朝中大权。为了消除后顾之忧，他不断追杀董卓的残部。那时，董卓的旧部李傕、郭汜等人驻守凉州。失去了主帅，他们惊恐万分，曾想为了保命而归降王允，可王允没答应。李傕、郭汜等人认为与其坐着等死，还不如兴兵造反。于是他们带领十万人马直奔长安，与王允、吕布率领的大军展开了激战。最终他们战胜了长安军，随后王允被斩，吕布也仓皇逃走。此后，李傕、郭汜等人掌握了朝中大权，他们统领的西凉军四处横行霸道，祸害百姓，长安百姓对他们深恶痛绝。而李傕、郭汜等人也因争权夺势而发生了激烈的内斗。长安城遭到了战火的摧残，百姓大部分远走他乡，长安城几乎成了废墟。

此时，国舅董承等人赶紧护送汉献帝离开了血腥、黑暗的长安城。195年，汉献帝等人到了安邑，但他们觉得这里不是久留之处，几经流离，最终回到了雒阳。雒阳此前也遭受了董卓的洗劫，荒凉凄惨，和长安城没什么两样。汉献帝只得在城墙边简陋的帐篷里安身，而大臣和侍从们住的地方就更加破陋了。除了住的地方简陋外，他们还缺少粮食，因此经常吃野菜淡汤，食不果腹，这让平时养尊处优的君臣们叫苦不迭。

虽然汉献帝是傀儡皇帝，但他还是受到很多人的重视，因为他是天子，此时仍代表着国家的最高权威。况且那时不论是地方官还是朝中大臣，都普遍拥护汉王朝。正是出于这样的考虑，曹操的谋臣毛玠建议他"奉天子以令不臣"，另一谋臣荀彧对此建议也极为赞同。但是整个曹营在要不要奉迎汉献帝一事上争执了很久，大多数人都不同意奉迎天子。荀彧据理力争，坚决主张奉迎汉献帝，并提出了"奉主上以从民望，秉至公以服雄杰"的政治策略，提醒曹操"若不时定，四方生心"。

挟天子迁都许昌

荀彧的话使曹操深受触动，于是他抓住了这个难得的好机会，亲率大军前去奉迎汉献帝。曹操多次拜见汉献帝，常把一些衣物食物送给汉献帝和大臣们，并好言劝道，雒阳缺少粮食和物资，而许县是个非常平静和富饶的地方，献帝要是能迁都许县，就能保住汉朝，还能过上安定的生活。此时，汉献帝和身边的大臣们也犹豫不决。他们自知

少年读全景
资治通鉴故事 3

▶▶ 汉纪 下　　▶▶ 挟天子以令诸侯

已经不能回长安了，可如此破败的雒阳也不可用来做都城，而曹操又以富饶的许县和优厚的条件为诱饵劝他们迁都。汉献帝想到自己以后再也不用露宿野外，四处流浪，于是同意迁都。

196年，汉献帝刚到许县，曹操就命人大造宫殿，修建祭祀场所。他被汉献帝封为司空，代行车骑将军之职事，权力比其他文武官员都大。朝中事情，不论大小，都要先通禀曹操，然后才呈给皇上。曹操也开始假托汉献帝之名统领各州郡，更使自己的宿敌袁绍处处受制。

此后，许县成了新的政治中心。曹操以天子之名，抢占了大片的中原土地，还使得关中的割据势力归顺于他，因此他的势力得到了快速发展，为日后统一北方奠定了良好的基础。

▲（东汉）"建安"年款铜镜
镜面平整光滑。背面饰以佛教人物和动物图案，以及一圈文字，其中有"建安"二字。

汉纪 下　　刘备贩履怀大志

汉纪 下
刘备贩履怀大志

刘备是东汉末年最有名气的英雄豪杰之一，也是蜀汉的开国皇帝，其登基之路充满了荆棘和艰辛。刘备少年丧父，与母亲以卖草鞋、织席子为生，因此生活非常艰苦。他不爱说话，喜怒不形于色，但志向远大。最终，他以自己的盖世英才获得众士的仰慕，英雄豪杰纷纷前来投靠，如水之归海。

家世没落，贩履织席

刘备，涿郡涿县人，字玄德。据《三国志》记载，他是汉景帝的儿子中山靖王刘胜的后人，可到了刘备祖父出生时，家道已经中落了。少时，刘备就失去了父亲，他和守寡的母亲一起靠卖草鞋、织席子为生。

在刘备家的庭院里有一棵很大的桑树，枝繁叶茂，从远处看去，很像一个小车盖。幼时，刘备常和同族的孩子一起在树下嬉戏，他常向那些孩子说："有一天，我肯定能坐这个羽盖车。"听闻此事后，他的叔父刘子敬非常高兴，觉得这个孩子不是个普通人，将来必成大业。可他担心小孩子说话没有什么忌讳，一旦惹出麻烦就不好了，因此提醒刘备说："这样的话以后千万别再说了，否则会祸及九族啊！"

刘备十五岁时，颇有见识的母亲让他去各处游学，他和同族的刘德然、辽西郡的公孙瓒一同跟着原九江太守、同郡人卢植学习，还和公孙瓒成了挚友。因为刘备比公孙瓒稍小些，因此他就像对待兄长一样对待公孙瓒。叔父刘元起看出刘备是个与众不同、志向远大之人，就常接济他，并像对待自己的儿子那样对待他。那时的刘备稚气未脱，不爱学习，却十分喜爱骑射。

胸怀大志，乱世发迹

东汉后期，天下大乱，群雄争斗不休，都想在此乱世中创立丰功伟业，刘备也不例外。他平常不太爱说话，喜怒也很少显露在脸上，十分稳

▶刘备像
刘备是汉景帝之子中山靖王刘胜的后代，三国时期蜀汉的开国君王，史称汉昭烈帝。此图为唐代著名画家阎立本所绘的《历代帝王图》中的刘备像。

少年读全景 资治通鉴故事 3

▶▶ 汉纪 下　　▶▶ 刘备贩履怀大志

重、精明。可只要他一说话，通常都是慷慨激昂，直指要害，让人为之动容，和他相识的人都认为他很不一般，以后一定能有所作为。刘备爱和一些英雄豪杰交往，附近郡县的青年也都争抢着依从于他。后来，刘备结识了关羽和张飞，三人关系甚是亲密，就像亲兄弟一样。自桃园结义后关羽和张飞成了刘备的得力助手，他们跟着刘备东征西讨，毕生都追随刘备。

有一年，中山的大商人张世平、苏双等人携带着大量钱财去涿郡地区买卖马匹时认识了刘备。他们认定刘备非普通人，以后肯定会大有作为，就送了很多钱财给刘备。刘备用这些钱财组建了一支军队，尽管军队人数很少，但却成了刘备后来成就大业的基础。

汉灵帝后期，由于黄巾军反抗朝廷，东汉朝廷就向各州郡征召兵卒，以此来铲除黄巾军。刘备率领自己的部队加入了汉军，并在征讨黄巾军时，立下了大功，被封为安喜县尉。一次，有位督邮来县里办理公事，刘备想见他，可督邮的属下仗势欺人，不为他通报。刘备觉得自己受到了侮辱，就直接冲了进去，捆住督邮，打了他二百杖，接着取下自己的官印拴挂在督邮的脖颈上，辞官离去。

那时，各地战火不断，朝廷急需大量将士，因此不久后刘备和关羽、张飞等人再次应征入伍，并因作战有功而被封为高唐县尉，之后又升为县令。没多久，青州的黄巾军占领了高唐县，刘备再

▼桃园三结义

东汉末年，朝政腐败，再加上连年灾荒，百姓生活非常困苦。刘备有意在乱世中一展身手，张飞、关羽与他志同道合。三人遂义结金兰。刘备最大，关羽次之，张飞最幼。此后，关羽和张飞成了刘备的得力助手，他们忠心耿耿，跟着刘备东征西讨，毕生追随刘备，三人的情谊也成为传世佳话。

汉纪 下　　刘备贩履怀大志

次亡命天涯。这时，他想起了自己少时的挚友、正在担任中郎将的公孙瓒，于是就带着自己的部下前往投靠。公孙瓒向皇帝推荐刘备为别部司马。刘备后来和青州刺史田楷共同抗击冀州牧袁绍。之后，刘备立功无数，在公孙瓒的提携下，他担任了平原县令，后又兼平原相。由于刘备治理有方，当地非常安定，因此军民都很拥戴他，可有一个人却非常憎恨他，此人就是刘平。刘平在郡内有些势力，因此他非常看不起曾靠卖草鞋、织席子为生的刘备，而自己受刘备所管更让他蒙羞，于是他派刺客去刺杀刘备。可刺客认为刘备是个为民为国的好官，就起了怜悯之心，不但没有动手杀人，还把事情的来龙去脉告诉了刘备。由此可见，刘备是多么受人爱戴！

后来，在乱世中拼搏了快十年的刘备终于等来了一个好机会。

代领徐州，暂得立足

194年，为了抢夺地盘，曹操以为父报仇之名袭击徐州。徐州牧陶谦招架不住，就赶紧命使者向盟友公孙瓒求助，公孙瓒命田楷和刘备率领一队兵马赶去援救陶谦。可他们二人根本无法与曹操抗衡，多次激战都大败而回。就在徐州存亡攸关之际，吕布却间接地帮陶谦缓解了危机。那时，吕布见曹操忙着攻打徐州，就偷偷地袭击了曹操的根据地兖州。曹操担心兖州会落入吕布手中，只好赶紧撤兵回去了。

曹操撤兵后，刘备觉得陶谦对自己很好，就归顺了陶谦。陶谦非常赏识刘备，还特意举荐刘备为豫州刺史，命他驻守小沛。之后，陶谦病重，

◀（三国）牛拉耧铜鼓
广西壮族自治区桂平市石咀镇河口村石古岭屯出土，鼓面饰太阳纹十二芒，通体饰变形羽人纹、变形翔鹭纹，余饰波浪纹、栉纹等，鼓边饰有蹲蛙。

他死前还向别驾麋竺嘱咐道："现在只有刘备能使徐州安定了。我死后，你们立即去请刘备来管理徐州。"陶谦过世后，麋竺等人就领着徐州的一众文武及百姓来奉迎刘备。可刘备考虑到很多现实因素，因此很长时间都没有同意接管徐州。

名士陈登劝道："现在，汉朝衰败不堪，天下大乱，你要想有什么大的作为也就在于今天之事了。徐州这个地方很富饶，人口众多，你应该抓住这个好机会呀！"

刘备则婉拒道："我这人没什么才能，根本承担不了这么大的责任，我看还是袁公路（袁术字公路）来管理徐州比较好。他家四世有五个人做了公卿，民众都很拥护他们，应该不会让民众失望吧。"

陈登对此嗤之以鼻，并说："袁公路这人太过傲慢自大，很难成就大事。徐州要是靠他可就完了。你可以不听我的劝告，将来别后悔就行了。"

北海相孔融也劝刘备说："袁公路只是平庸之辈，就算他生于权势之家，也照样成不了大事。百姓现在需要的是有识之士，他们期盼的是国家能够快些安定下来，你要知道这可是天赐良机呀！你现在不要，将来可是要后悔的！"在大家的劝说下，刘备终于同意管理徐州。

从此，刘备终于在浊世中谋得一处根据地。他胸怀大志，意气风发，准备以徐州为基地去扩大自己的势力范围。

汉纪 下　　曹刘煮酒论英雄

汉纪 下
曹刘煮酒论英雄

刘备几经波折获得了徐州这个大本营后，本想以此为据点，继续扩张。但由于缺兵少粮，势单力薄，没多久，徐州就成了别人的地盘。刘备被逼无奈，只得投靠曹操。表面上，曹操尽到了地主之谊，与刘备相处得也很好，可实际上他内心还是有所顾虑的。于是他邀刘备宴饮，以评论当世英豪来试探刘备。

刘备势单，投奔曹操

自从掌管徐州后，刘备勤于政事，用尽心力为民办事，因此深得百姓拥护。在他的治理下，徐州暂时安定下来。可刘备很清楚，这一切都是表象，有太多地方势力都在觊觎着徐州：曹操早就想占领徐州；位于南方的袁术自称徐州伯，也想要拥有徐州；吕布在败于曹操后归顺了刘备，虽仰人鼻息，却不安于现状，也在偷偷准备占领徐州。

196年，袁术首先发起了进攻。曹操为了让刘备和袁术激战而自己坐收渔翁之利，推举刘备为镇东将军。此后的一个多月，刘备和袁术一直对抗，不分胜负。这时，吕布暗通袁术，趁机突袭了下邳，并捉住了刘备的妻儿。刘备没有办法，只得妥协。此后，吕布占领了徐州，不久又与袁术闹翻，同刘备议和。刘备表面上同意，暗地里又召集了一万多兵马，准备找机会夺取徐州。没想到吕布对他并不放心，竟先下手为强，亲率大军来袭击刘备。刘备不敌，只得逃往许都，投靠了曹操。

天下英雄，唯使君与操耳

见刘备赶来投靠自己，曹操非常欣喜，让刘备任豫州牧，待他非常好。刘备打算去沛地征召散兵，曹操就拨了些军粮给他，还给他分配了一些将士。后来曹操亲率大军东征吕布，消灭了吕布。不久，曹操又奏请皇帝封刘备为左将军，二人外出时同乘一辆车，就座时同坐一张席，如此礼遇连曹操的亲信重臣都不曾享有过。可刘备很清楚，这些都只是曹操以礼待人的表象而已，要不是曹操对他有所怀疑，是不会这么做的。所以，刘备不再显露锋芒，处处小心翼翼，尽量不张扬

◀曹刘煮酒论英雄
曹操在白门楼杀掉吕布后，带着刘、关、张三人回到许都。谋臣劝说曹操早日除掉刘备，以绝后患，曹操虽然嘴上说："实在吾掌握之内，吾何惧哉？"但他心中还是有所顾虑。于是他不动声色地考验刘备，与刘备"青梅煮酒论英雄"。幸亏刘备机敏，才得以躲过一劫。

汉纪 下　　曹刘煮酒论英雄

自己的抱负。

史书记载，当时刘备与曹操有过一番对话。曹操对刘备说："今天下英雄，唯使君与操耳。"刘备当时正在吃饭，听闻此语，手中的筷子竟掉落于地。这足以表明曹操对刘备的重视与猜疑。明代小说《三国演义》对这段对话有更为细致、精彩的描写。

据《三国演义》记述，当时曹操问刘备："您常常出征在外，见多识广，肯定认识很多侠士英豪。您能告诉我，当今天下真正的英雄是谁吗？"刘备想了一会儿才答道："袁术雄踞一方，拥有良兵和足够多的粮食，算得上是英雄吧？"曹操摇着头说道："袁术已是坟墓里的枯骨，我早晚会抓住他的！"刘备接着说道："河北的袁绍，他生于世家大族，又称雄一方，可算得上是英雄？"曹操摇着头说道："现在看来，袁绍的势力还算可以，可是他这人外表强硬而内心怯懦，好计谋却没有决断，成不了大业，所以不能算英雄。"刘备又说道："刘表能称为英雄吗？"曹操说："刘表有名无实，不是英雄。"刘备说："那孙策呢？他年轻，有抱负，精力旺盛，可以被称作英雄了吧？"曹操讥讽地笑了一下，说道："他有些本事，可惜只是借着他父亲的威名罢了，不能被称为英雄。"刘备又答道："英雄要有强大的势力和声望，那益州刘璋、汉中张鲁该算是英雄了吧？"曹操听后，鄙夷地说："这些人不过是些只想守住家业的庸碌之辈而已，根本没什么抱负，怎么能算得上英雄呢？"刘备叹了一口气说道："除了这些人外，我真不知道还有谁是英雄。"曹操端起酒杯，笑着说道："要说现在天下的英雄，大概就你我二人了。"

◀（三国）猫头鹰插座
湖北鄂州市博物馆藏。

刘备一听这话，觉得曹操对自己有了猜疑之心，惊慌之中手中的筷子掉在了地上。当时，正好天空响起了惊雷，刘备就借机拾起了筷子，并说道："这雷可真响啊，我被吓得把筷子都给丢了。"曹操说道："你可是个英豪，怎么能被雷给吓着呢？"刘备答道："天只有在发怒时才打雷，你说我能不害怕吗？"曹操相信了他说的话，认为刘备根本没什么胆识，也就不再对他严加看管了。

此后，袁术想去投靠自己的哥哥袁绍。刘备主动请求截击袁术，曹操担心袁绍、袁术二人联手会对自己构成威胁，就同意了。曹操的谋臣程昱、郭嘉闻听此事后，赶紧面见曹操，告诉他绝对不能对刘备放松警惕，否则他将成为日后的心腹大患。可曹操不以为然。

放虎归山，终留后患

刘备率军离开许都以后，还真如程昱、郭嘉所说，在打败袁术后就马上率兵占领了下邳，与曹操形成了对峙的局面。至此，煮酒论英雄的二人正式分道扬镳。此后，刘备投靠了袁绍，公开和曹操对抗。此时，曹操才意识到自己犯了大错，他虽然独具慧眼提拔了刘备，却也因放松警惕而放走了刘备，以致放虎归山。

又过了几年，诸葛亮出山帮助刘备建立大业。长期依附于人的刘备终于建立了自己的一番事业，并在各种割据势力中崭露头角，最终得以和曹操、孙权抗衡。

汉纪 下

好谋无断袁本初

袁绍，祖籍汝南汝阳，字本初。他生于"四世三公"的士族大家，在董卓死后没几年，就从一个名不见经传的渤海太守成长为统率北方的最大军事力量的将领，由此可见他能力不凡。可袁绍有一个致命的缺点，那就是"好谋无断"，总是在重大问题上犹豫不决，因此白白丧失了很多机会，最终在官渡之战中大败于曹操，不久便抑郁而亡。

名门望族，交游广泛

袁绍生于东汉末年一个显耀的士族大家，自其高祖父袁安开始，袁家四世共有五人位列三公。袁绍自幼就威猛聪慧，不到二十岁就当了濮阳县令。当时，东汉朝廷极其腐败，宦官肆无忌惮地掌控朝政，他们残害包括朝中士大夫和太学生在内的党人。

袁绍因不满当时的社会现状，拒绝入朝为官，而归隐洛阳。他喜欢与贤士交往，因此结识了很多党人和英雄豪杰，如张邈、何颙、许攸等。另外，袁绍和曹操也是挚友，他们暗地里形成了反抗宦官的势力。

黄巾军起义加速了东汉王朝的衰败，为了缓解各种矛盾，朝廷只得废除党禁。此后，在大将军何进的邀请下，袁绍才入朝为官。那时，灵帝刚去世，少帝刘辩登基为帝，由于其幼小无知，何太后就临朝听政。宦官、外戚又趁机轮番执掌了朝政，朝廷内外仍一片混乱。何进是何太后的兄长，其凭外戚之身份掌管军事大权，参政议政。

袁绍一直不满宦官的行为，就想借何进之势除掉宦官，何进也对宦官专权不满，因此二人很快达成了共识。可太后却不允许他们这么做。为了有足够的兵力来铲除宦官，何进命凉州的割据势力董卓来到洛阳，并做了相应的军事部署。

没想到的是，计划外泄，宦官将何进骗入宫中并杀了他。闻听何进已死，袁绍赶紧和弟弟袁术一起烧毁了宫门，率领众将士杀进宫中，杀死了大批宦官。袁绍和宦官两败俱伤时，董卓领兵进京，并彻底控制了朝廷。因董卓暴虐专横，袁绍担心自己日后受到迫害，就找借口去了冀州。此后董卓封他为渤海太守。

▼彩绘陶车马
一车五马，车体遍施朱彩。其中白马三匹，红马两匹，全部昂首直立，体态矫健。

汉纪 下　　好谋无断袁本初

称雄乱世，拥兵自立

董卓进京后，废黜汉少帝，册立刘协为帝（即汉献帝），并自封为相国，此后朝廷更加混乱不堪。

那时，董卓横行霸道，激起官员们的不满和声讨，甚至连董卓亲自封任的关东各郡守都不再服从于他，各地反抗董卓的声浪愈加盛大。在这些声讨势力中，最受大家拥戴的就是袁绍，这主要是因为他出身名门。另外，铲除宦官和拒绝与董卓联手也成了他受到拥戴的重要原因。

190年，关东各郡守一起兴兵讨伐董卓，盟主为袁绍。袁绍自称为车骑将军，带领几十万兵马讨伐董卓，可因为缺少作战经验，加上关东军内部有隙，军心涣散，因此没能铲除董卓。此后，关东军内各部内斗不停。袁绍借机占领了冀州牧韩馥的领地，并自任冀州牧，接着又相继夺下了青州、并州。

199年，袁绍又趁势铲除幽州的公孙瓒，吞并了幽州。此时，黄河下游的冀、青、并、幽四州都成了袁绍的地盘，而拥兵数十万的袁绍也成了当时最大的割据势力的首领。正当袁绍努力拓展自

◀（三国）青瓷镇墓兽
镇墓兽为古人陪葬品，据传能驱除鬼怪。秦汉之前多为木雕，六朝时期多以石刻之，排列于墓道两侧，自铭"辟邪"。青瓷镇墓兽出现较晚。本图中的青瓷镇墓兽体肥，足壮，尾短，卵形头，短颈，小耳，粗眉，高鼻大孔，八字形双眼，两眉之间有一个圆孔直通腹内，嘴下垂，舌伸唇外。

少年读全景 资治通鉴故事 3

▶▶ 汉纪 下　　▶▶ 好谋无断袁本初

己的势力范围之时，他曾经的好友曹操也做好了准备，驻守在中原地区，觊觎着整个江南。

好谋无断，坐失良机

起初，中原地区的形势千变万化。王允和吕布杀死了董卓，长安民众还没来得及庆祝，西凉军阀李傕、郭汜就占领了长安。他们杀了王允，逼得吕布逃亡外地，此后又为争权夺势展开了内斗，长安城再一次为战火所摧残。而汉献帝也成了别人争权夺势的资本，不断被各支割据势力抢来争去。

袁绍的谋臣沮授觉得时机已经成熟，建议袁绍"西迎大驾，挟天子而令诸侯"。他劝谏袁绍道："将军您出身官宦世家，理当以忠义来救济天下苍生。现在，西凉军抢占了长安，致使天子和民众都陷于水火之中。皇帝被逼逃离京都，四处流浪，连宗庙都被摧毁了。所以将军应迎接皇上，并让皇上建都邺城，以天子之名起兵征讨其他割据势力，那时就没人敢违抗您了。"

袁绍的其他属下郭图、淳于琼等都不同意沮授的提议，他们说道："汉室早就有了衰亡之势，要想重兴汉室太难了。况且目前群雄不断发生征战，各自称雄一方，而我们也正好处在征讨其他势力的最佳时机。倘若迎接天子于此，我们今后做什么事都要奏请皇帝，遵从他的命令，这样我们的权力就没有了。要是我们不听他的，就要因抗旨而获罪，这样怎么行呢？"

沮授耐心地劝说道："迎接天子，让天子迁都是正义之事，也是目前的形势所逼。我们不这么做，别人就有了可乘之机，而我们则失去了机会，这样我们根本就不会取胜，希望将军好好想一想。"

可是袁绍犹豫不决，在他看来，献帝一无是处，迎接他来自己这里，既费时、费力，又得不到任何好处，所以他最后还是没有同意迎接汉献帝。

尽管袁绍是个很有抱负的人，可他缺少领导者的智谋，即"志大而智少，色厉而胆薄"。在要不要奉迎天子一事上，他始终迟疑不决，最终没有接受沮授的提议，失去了奉迎汉献帝的好时机，使得对手曹操有机可乘而迅速发展，这也是导致他最终兵败的重要原因之一。

▼（三国）青瓷虎子
虎子始制于战国，风行于汉及六朝，因器形似虎而得名，不同时代虎子在细部刻画上有所不同。

汉纪 下　　曹操官渡胜袁绍

汉纪 下
曹操官渡胜袁绍

曹操"挟天子以令诸侯"后,声望渐高,势力不断扩大。而这时前"讨董联盟盟主"袁绍由于不停地兼并其他割据势力而成为北方最强大的势力。袁绍和曹操形成了对抗之势,战争一触即发。200年,官渡之战爆发,袁绍在战争中暴露了自己不善谋略、自负轻敌的缺点,最终以优势兵力被曹操打败。曹操由此铲除了妨碍自己统一北方的最大障碍。

解围白马,对峙官渡

196年,曹操奉迎无路可走的汉献帝,并将他迁到了许县,从此"挟天子以令诸侯",并跟北方最大的势力袁绍形成对抗之势。而袁绍出身于官宦大户,袁家四代中有五位公卿,门生旧部遍布天下,声望甚高。袁绍充分利用这些优势,采用吞并之策,铲除了幽州的公孙瓒等,占领了幽、冀、青、并四州的土地,今天的华北地区几乎都成了他的领地。接着,他就着手消灭曹操,因为他已经意识到,曹操是他统一天下的最大障碍。

200年春,袁绍率领十万兵将,自邺城起兵攻打黎阳。他首先命将军颜良渡过黄河,攻打白马,以此诱使曹军暂离官渡,接着再伺机铲除他们。此时,曹操早就率兵到了官渡,闻听袁绍正在攻打白马,就赶紧派兵前去支援。军中谋臣荀攸建议以出奇制胜之计分散袁绍的军队,可先率兵到达延津地区,装出要过河的样子,诱使袁绍主力来到西边,接着再命一支轻骑兵袭击白马,让袁军没有还击之力。曹操按照他的建议做了。袁绍闻听曹军要从延津过河,果真命大队人马赶来截击,曹操则亲自率领一支轻骑兵到了距白马十里的地方。这时颜良才有所察觉,于是匆忙出战,结果被曹军的前锋关羽杀死了。袁军失去了主将,都逃命去了。

袁绍闻知曹操已解了白马之围,还杀了自己的良将颜良,勃然大怒,立即命文丑率领六千轻骑兵做先锋,追杀曹军。曹操又按照荀攸的计划行事,把大量的粮草、武器、盔甲、马匹等丢在路边,制造败逃的假象,接着又命六百骑兵潜伏于延津南坡。文丑率领轻骑兵到了南坡,看见曹军丢在路边的东西,以为曹军已经逃走了,就命将士们顺路将这些东西拾回去。一时间,袁军都争着捡拾东西,队伍乱作一团。曹操见时机刚好,就命伏军突袭他们,袁军还没来得及反抗,就都

▲（三国）青瓷羊舍
1956年湖北武昌莲溪寺四七五号吴墓出土,湖北省博物馆藏。此器内外施青褐色釉,为长方形五脊顶小屋,屋顶饰瓦纹。前墙正中开有一门,门两侧墙上刻画网格纹。

汉纪 下　　曹操官渡胜袁绍

▶ 袁绍兵败官渡

官渡之战是历史上有名的以少胜多的战役，也是曹操与袁绍争夺北方霸权的转折点。此战之后，曹操扭转劣势，为统一北方奠定了基础。

被杀了，文丑也战死。曹操取得此战的胜利。至此，袁、曹两军对抗于官渡的局面正式形成。

以少敌多，等待战机

那时，袁军有十万人马，可曹军只有三四万人马；袁军不缺粮草，而曹军粮草奇缺。倘若两军长时间这样对抗下去的话，曹军必败无疑。在曹军多次积极攻打袁军都未能取胜之后，曹操只得改变战术，挖掘深沟，垒砌高墙，守住营寨而不主动出战。

袁绍见曹军坚守不出，就让将士们在曹营外堆垒土丘，修筑高台，并命将士们在高台上俯身向曹营中射箭。曹操向各谋臣请教应对之策。谋臣刘晔制作了装有按钮的霹雳车，只要按动按钮，就会有石块飞射出来打击敌军。之后，袁军所建的高台被打塌了，袁军将士们多被飞石打伤。袁绍的谋臣审配献上一计：为了能够及时攻击曹军，他让人偷偷挖了一条通向曹营的地道。曹操也不示弱，他命将士们挖了一条长而深的沟渠，并在其中注满水，粉碎了袁绍的计策。就这样，两方对抗了好几个月。曹军缺兵少粮，很难长时间坚持，因此军心有所动摇。曹操就写信给驻守许都的荀彧，说他想撤军回去保住许都。荀彧赶紧回信，劝说曹操绝不能撤军，他在信中写道：最先撤军的那个人会很被动，现在到了战争的关

> 汉纪 下　　　▶ 曹操官渡胜袁绍

键时期，要抓住机会，出奇制胜，绝对不能失去这个好机会。所以，曹操决定先不撤军，伺机而动。

奇袭乌巢，曹操大胜

不久，大量的粮草从袁绍的后方被送到前方。袁绍命淳于琼率领一万大军押送粮草，扎营于距袁绍营地四十里的乌巢。为了防止曹军突袭，谋臣沮授献计，建议让大将蒋奇率军在外围巡逻，可袁绍没有理会沮授的提议。同时，谋臣许攸向袁绍建议，趁曹军还坚守官渡之时，派一队大军绕过官渡，突袭许都，这样曹军就会顾首不顾尾。可袁绍不以为然地说道："不，先战胜了曹操再说其他的。"这时，许攸听闻在冀州的家人因触犯法律而被捕了，再加上自己长期不被袁绍重用，因此离开袁绍投靠曹操。他向曹操建议：赶紧派将士去突袭乌巢，这样就能毁掉袁军的粮草。一旦乌巢失守，袁军就会自乱阵脚，曹军即可不战而胜。

曹操听完非常高兴，觉得这是制敌取胜的好时机，于是命荀攸、曹洪留守营地，自己则率领五千兵马，让士兵们各自背着一捆柴火，冒用袁军旗号，快马加鞭奔向乌巢。天刚亮时，他们到了乌巢，马上依计放火，顷刻间浓烟升起，火势极大。袁军见此情景，都四散而逃。

这时，袁绍见乌巢火光冲天，认为曹军可能出动了全部兵力来截取粮食，曹营内肯定没人了，就不听任何劝告，命张郃、高览去攻打曹军的营地。张郃、高览遭到曹洪、夏侯渊的奋力抵抗，两军僵持不下。这时，曹操率兵回来了。由于腹背受敌，张郃、高览见大势已去，就都归降了曹操。

袁绍不仅失去了许攸、张郃、高览等良将谋士，还失去了乌巢的粮草，导致军心动摇。许攸又劝说曹操尽快发兵，张郃、高览自荐为先锋，当天夜里袭击袁绍的大营。曹操听从了他们的建议。当天夜里三更左右，曹军兵分三路突袭袁军，此战一直打到天亮，袁军损失了大半兵马。曹操又依荀攸之计行事，兵分三路断了袁军的后路。袁绍闻听此事，惊慌失措，赶紧趁夜撤兵。曹操听说袁军要撤兵，就兵分八路直取袁军大寨。袁军已无作战士气，四散而逃。袁绍还没来得及穿上盔甲，就和他的儿子袁谭率领八百余人逃回了河北，袁军主力所剩无几。

官渡之战后，袁绍积郁成疾，不久便发病吐血而亡。曹操又花了几年，剿灭了袁绍的几个儿子，铲除了北方最大的障碍，基本奠定了其北方霸主的地位。

▶ 曹操夜袭乌巢
官渡之战中，曹操夜袭乌巢，焚烧袁绍粮草，显示出其善于捕捉战机、决策英明、处事果断的指挥才能。

汉纪 下 　　曹操统一北方

汉纪 下
曹操统一北方

袁绍死后，他的三个儿子共同占领了黄河以北地区，但他们彼此之间尔虞我诈，钩心斗角，很不团结。在这种情况下，曹操采用分而制之的战略，将他们各个击破。后来他们想借北方游牧民族乌桓的力量继续抵抗曹操，但再次被曹操打败。在消除乌桓这最后一个障碍后，曹操终于统一了北方。

兄弟失和，败逃辽西

袁绍死后，他的三个儿子反目成仇，在黄河以北地区各自称霸。曹操抓住袁家三兄弟内斗的机会，起兵把他们逐一打败。205年，袁绍的大儿子袁谭被害，袁尚、袁熙逃到辽西，投靠了乌桓。

乌桓为东胡的一支，是由多个游牧部落组成的松散势力。秦汉时期，匈奴的冒顿单于征剿了他们，之后他们迁徙到了长城以内。此后，他们和汉朝中央政权一直没有什么冲突。汉安帝以后，因为汉室腐朽，内政混乱，边疆的官员无法掌控外族部落，乌桓对汉朝就时而恭谦，时而起兵造反。汉灵帝登基后，乌桓的势力迅速发展，并严重威胁到汉朝边疆各郡的安定。乌桓部落遍及各处，上谷郡乌桓的首领是难楼，右北平郡的首领是乌延，辽西郡的首领是丘力居，辽东郡的首领是苏仆延。

汉献帝初平年间，丘力居的侄子蹋顿做了辽西郡的乌桓首领，他和苏仆延、乌延一起协助袁绍攻击公孙瓒，此后被袁绍借汉献帝之名封为单于。袁绍去世后，袁氏三兄弟依旧和他们有着很好的关系，所以袁尚、袁熙被曹操打败后，便去投靠蹋顿。

为了铲除袁氏残部，以绝后患，曹操决定出征乌桓。

追击二袁，远征乌桓

曹操的谋士中，大多数人不同意出征乌桓，他们觉得袁尚、袁熙的势力已经大不如前，就算两人幸免于难，也不过是苟且偷生，根本就不值得起兵征讨他们；其次他们认为乌桓势力远在边境，影响不了中原的曹军；况且如此大举攻打乌桓，会使自己的后方缺少留守将士，倘若刘备等人趁机偷袭，曹军就会损失惨重。

只有谋臣郭嘉支持远征，他认为二袁的实力虽然对曹军已无多大影响，但如果放过他们，一旦他们死灰复燃就会后患无穷，还不如趁此机会将他们彻底铲除。同时，那些乌桓部落一直危害着边境的民众，辽西、辽东地区的安定局面也越来越受到他们的威胁。如果想要一统北方，安定社稷，就不能轻视这些扰民因素，所以一定要消

◀（三国）青瓷灶台
以陶土塑成，是陪葬品的一种。

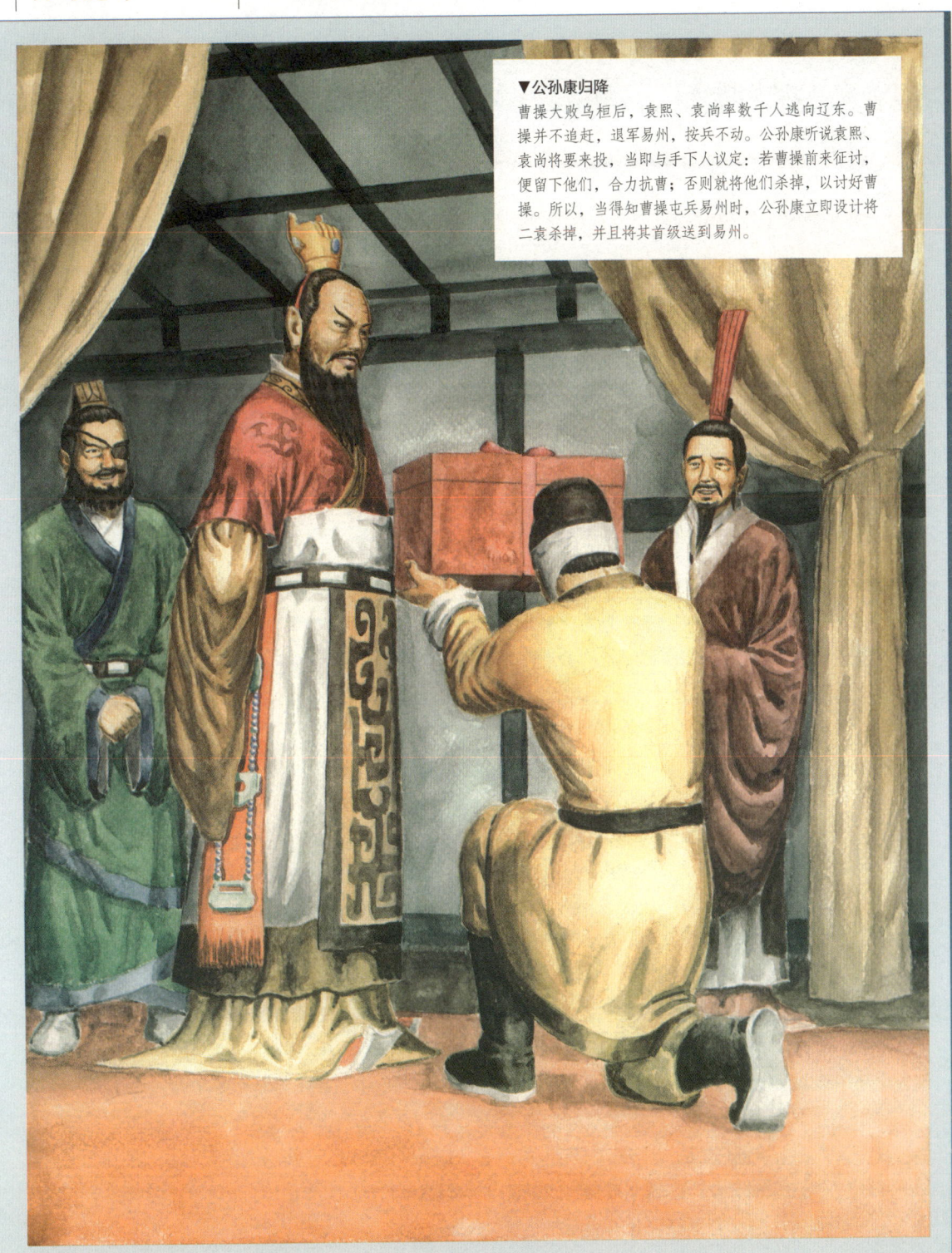

▶▶ 汉纪 下　　▶▶ 曹操统一北方

▼公孙康归降

曹操大败乌桓后，袁熙、袁尚率数千人逃向辽东。曹操并不追赶，退军易州，按兵不动。公孙康听说袁熙、袁尚将要来投，当即与手下人议定：若曹操前来征讨，便留下他们，合力抗曹；否则就将他们杀掉，以讨好曹操。所以，当得知曹操屯兵易州时，公孙康立即设计将二袁杀掉，并且将其首级送到易州。

少年读全景 资治通鉴故事 3

▶ 汉纪 下　　▶ 曹操统一北方

◀（三国）青瓷带盖簋形器
簋形器多为盛食器和礼器，形制很多，变化较大。

灭乌桓的势力，这是利民之事，定会得到百姓的支持，也可为统一天下铲除一块绊脚石。听完郭嘉的话，曹操更加坚定了远征乌桓的决心。他立即命将士出发，还让郭嘉随行。

207年夏，曹操亲率大军到了无终。那时正是初夏多雨之时，无终只有一条积满泥水的曲折的小路，并无用来行军的大道，因此大军没法向前行进。如此看来，攻打实属不易。曹操一直在思考怎样才能继续前行，可始终没有想出办法。

那时，当地有个叫田畴的人。此人很有名望，他召集多户民众迁到山里去避难。原本他不想插手此事，可一想到这几年乌桓屡屡侵犯边寨，搅得民众不得安宁，就决定助曹军一臂之力。于是他向曹操自荐，说自己愿意引导曹军通过此地。在他的指引下，曹军调头另找出路，攀登上了徐无山，并顺着一条荒芜的山道，经卢龙寨顺利地走出了无终，并逐渐接近乌桓的大本营。

乌桓得到消息时，曹操已经率兵到了距其不足二百里的地方。蹋顿赶紧征调几万骑军抵抗曹军，袁尚、袁熙也加入作战大军之中。

随后，双方开始了对抗。曹操主力大军还没有到来，而经长途行军的先头部队士气也较弱。可是曹操并不着急，他站在山顶察看敌情，发觉乌桓虽有几万大军，可阵形太乱。他于是命张辽趁敌军改变阵势之时率兵突袭，以求乱中取胜。不出所料，曹军最后战胜了乌桓军，杀了蹋顿。乌桓所辖的二十几万胡人和汉人归降曹操。袁尚、袁熙等人在混乱中逃到辽东，投奔驻守在那里的割据势力公孙康。

肃清袁氏，统一北方

随后，曹军将士向曹操建议趁势追击公孙康，除掉二袁，彻底铲除辽东的敌对势力。曹操笑了笑，说道："不需要我们大举讨伐他们，用不了几天，公孙康就会带着二袁的头颅来归降。"

没多久，真如曹操所说，公孙康带着袁尚、袁熙的头颅来请降。将士们惊叹于曹操的未卜先知，纷纷询问原因。曹操答道："二袁向来不同心，也一定和公孙康有隙。我要是急着攻打他们，他们反而会共同来对付我；我不去攻打他们，他们就会钩心斗角。"

就这样，曹操完全铲除了袁氏势力。通过多年的东征西讨，他终于称霸中原，平定了整个北方地区。此时，他踌躇满志，雄心不减，看着眼前奔流的黄河，万里山川，他将目光投射到了更远的地方。

汉纪 下　　　郭嘉足智惜早亡

郭嘉足智惜早亡

曹操抱负远大,任人唯贤,因此许多才华出众的谋士都来到他的身边,为他出谋划策,并最终帮助他在割据战争中脱颖而出,取得霸权。郭嘉就是这众多谋士中比较杰出的一个。郭嘉屡献奇计,在曹操统一北方的过程中起到重要的作用。但天妒英才,在肃清乌桓后班师的途中,郭嘉不幸患病而亡,享年三十八岁。

智谋过人入曹营

郭嘉,颍川阳翟人,字奉孝。他从二十岁起隐姓埋名,秘密结交豪杰侠士,评论天下大事。后来,郭嘉入世,投奔了那时势力最大的袁绍。没多久,郭嘉就发现袁绍处事犹豫不决,猜忌之心太重,不会用人,难成大事,因此就毅然地转投曹操。曹操原本就相信"汝、颍固多奇士",因此非常看重郭嘉。此后,郭嘉提出了有名的"十胜十败"说,并提议趁袁绍攻打公孙瓒这个好时机,攻打吕布。这一计策既帮助曹操增强了势力,而且使曹军不用与袁军发生激战。曹操非常认可这一计策,因此更加赏识郭嘉。

屡献奇计定北方

在辅佐曹操时,郭嘉多次献出奇计,一路为曹操清扫各种障碍,立下了大功。198年秋,曹操依照郭嘉的策略出兵袭击吕布。曹军首先占领了彭城,大败吕军,后将吕布围困在下邳。吕布据城顽抗,曹军久攻不下,就想撤兵。这时,郭嘉劝曹操继续攻打城池,并提议道:"吕布只会逞匹夫之勇,如今他输了三战,士气必定受到重挫。陈宫很有谋虑,但不机敏。当下,应趁吕布军队士气没有恢复之时强攻,定会击垮吕布。"曹操依计行事,一边攻打城池,一边引沂、泗之水淹下邳。不久后,曹军真的占领了下邳,并斩杀了吕布、陈宫等人。

199年,刘备主动请求截击袁术。郭嘉知道此事后,赶紧劝阻道:"将军千万不可让刘备率军讨伐袁术,刘备早就存有异心,一定会趁机兴兵谋反。"但曹操不听他的劝告,后来刘备真的兴兵反曹,致使曹操腹背受敌。曹操非常后悔,想攻打刘备,因此决定先不对付袁绍。将领们都劝说曹操多加考虑,因为他们害怕袁绍趁机来袭。在这种情况下,曹操也有所迟疑。郭嘉则说道:"刘备谋反没多久,其属下还不与之同心,我们这时应立即发起进攻,定能战胜他。而袁绍这人一向犹豫不决,处事难下决断,等您打败刘备后再来对付他也来得及。"曹操接受建议,立即命军队攻打刘备,不仅大败刘备,还生擒了其大将关羽。而此时,袁绍还在考虑要不要出兵攻打曹操呢。郭嘉用自己的谋略又一次帮曹操取得全胜。

官渡之战后,袁绍病亡,他的

▲(三国)彩绘季札挂剑图漆盘

少年读全景
资治通鉴故事 3

▶▶ 汉纪 下　　　▶▶ 郭嘉足智惜早亡

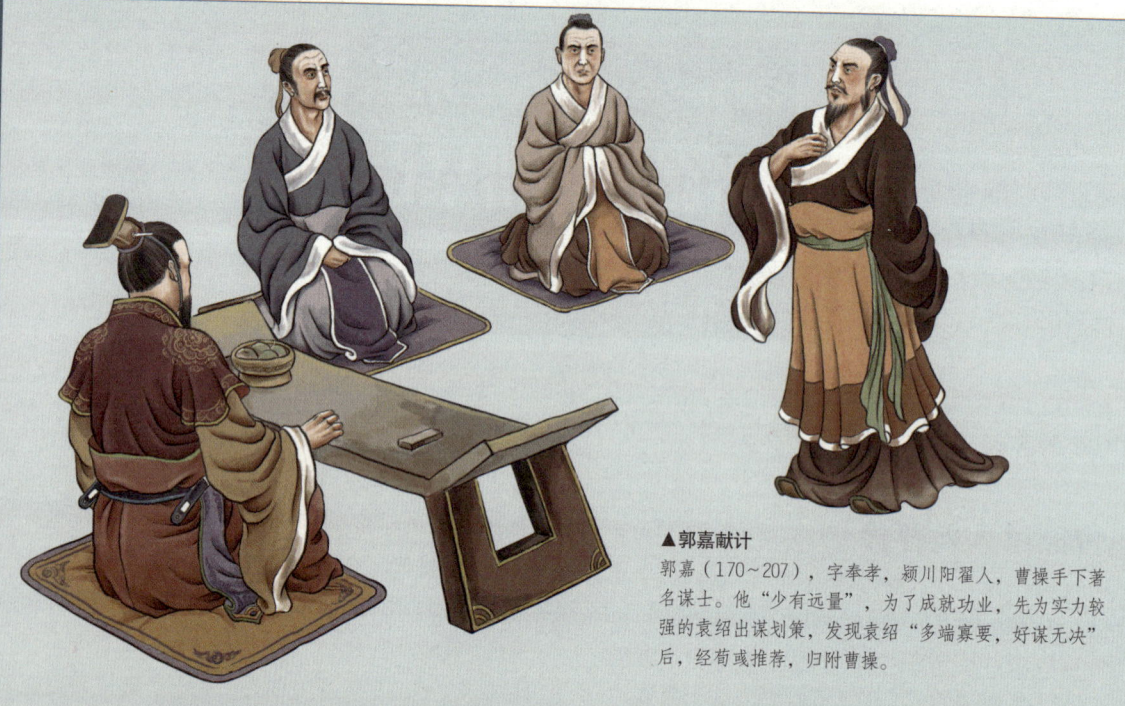

▲ 郭嘉献计

郭嘉（170～207），字奉孝，颍川阳翟人，曹操手下著名谋士。他"少有远量"，为了成就功业，先为实力较强的袁绍出谋划策，发现袁绍"多端寡要，好谋无决"后，经荀彧推荐，归附曹操。

三个儿子为争权夺势而内斗，曹操借此机会将其一一打败。此时，部将大多建议他乘胜追击，消灭袁氏兄弟。可郭嘉却指出，虽然袁氏兄弟之间有着很深的隔阂，但现在出兵征讨的话一定会使他们联起手来抵抗，不如假装撤军，静待袁氏的变动。果真如郭嘉所言，不久后袁氏兄弟互相大打出手，曹操趁机袭击他们，大胜而回。

袁军战败后，袁尚、袁熙逃亡到了乌桓，曹操决定率兵征讨乌桓，彻底铲除他们。将士们都觉得远征路途太远，也担心刘备等人对曹营乘虚而入。这时，郭嘉再次站出来，分析了征讨乌桓的可行性：第一，征剿乌桓能使曹操巩固在黄河以北的势力；第二，荆州刘表为人外宽内忌，嫉妒刘备的才能，倘若刘备前来突袭曹军大本营，刘表一定会阻止。郭嘉的阐述深合曹操的心意。207年，曹操率兵征讨乌桓。在与乌桓军对抗之时，郭嘉又提出"兵贵神速"的观点，建议曹操先脱离主力部队，率领轻装先锋趁敌军不备攻打乌桓。曹操命将军张辽率军袭击乌桓军，果然大获全胜。

天妒英才惜早亡

不过，在攻打乌桓时，郭嘉不幸遭遇病患侵袭，此后硬撑着参与战事，终于在班师回朝的路上病情恶化，不幸而亡，享年三十八岁。曹操失去了爱臣，非常心痛，而郭嘉的早亡也让这次全胜有了一丝悲凉之感。

在将近十年的时间里，郭嘉一直跟随在曹操身边，他们"行同骑乘，坐共幄席"。郭嘉是难得的奇士，在曹操统一北方的进程中发挥了重要的作用。他不幸早亡，曹操深感痛心，连说："哀哉奉孝！痛哉奉孝！惜哉奉孝！"赞扬他"平定天下，谋功为高"。

赤壁之战中，曹操大败，他曾哀泣叹道："要是郭奉孝还在的话，今天就不会是这个局面了。"可见郭嘉在曹操心目中地位之高。

100

汉纪 下　　孙策定江东

汉纪 下
孙策定江东

北方曹操和袁绍之间的斗争如火如荼之时，南方割据势力孙策正踌躇满志，正欲称霸江东。孙策苦心经营，相继攻克一些州郡，势力不断壮大，最终独霸江东。不幸的是，孙策后来遭暗杀身亡。此后，孙权继承了父兄未竟的事业，承担起稳固和发展江东基业的重任。

绝世无双好孙郎

孙策的父亲孙坚曾在平定农民起义的过程中立下大功，因此做了长沙太守。之后，孙坚又加入关东联军征讨董卓，在不断征讨的过程中逐渐扩大了自己的势力。接着，他在鲁阳碰到了袁术，被其封为破虏将军。袁术与刘表抢夺荆州时，作为先锋的孙坚大败刘表的将领黄祖，致使黄祖率兵四散而逃。孙坚乘胜追杀，没想到在途中被埋伏于树丛中的敌兵射杀。

孙坚去世后，他的大儿子孙策继承父业，继续为袁术效力。孙策长相俊美，高大健壮，虽然当时只有十七岁，却英勇善战，不可小看，人们都称他为"小霸王孙郎"。袁术交给孙策一千人马，让其统帅。孙策逐渐展露他的才能。朝中太傅马日䃅持节抚慰关东时，曾在寿春见到孙策，并奏请朝廷封孙策为怀义校尉。袁术手下的将领桥蕤、张勋也都非常赏识孙策的才华，甚至连袁术本人都经常感叹："得子如孙策，死而无憾。"

然而，袁术性情不定，并且言而无信。当初他曾允诺让孙策担任九江太守一职，可没过多久就让丹阳人陈纪担任了这一职位。此后，袁术准备率兵攻取徐州，向庐江太守陆康求取粮草，没想到被陆康拒绝。袁术非常气愤，就命孙策去讨伐陆康，许诺只要孙策打胜仗就封他为庐江太守。

孙策一举攻破庐江，班师邀功时，袁术却又一次不守承诺，封自己的旧部刘勋做了庐江太守。此后，孙策对袁术渐渐有了异心。

雄踞江东，颇得人心

孙策志向远大，他想继承父亲的遗志，建功立业，可他觉得自己在袁术帐下不能发挥自己的才能，不会有大的作为。何况，袁术这人心胸狭窄，容不下别人，因此孙策千方百计想要离开袁术，另谋出路。

碰巧这时扬州刺史刘繇将孙策的舅舅、丹阳太守吴景赶出了丹阳，孙策就向袁术自请前去攻打江东，以解舅舅之围，袁术同意了。孙策就带着一队人马去了江东，并趁机开始扩大自己的领地。他沿途招兵买马，逐渐有了五六千人马。这时，他遇到了来拜访亲友的挚友周瑜。周瑜闻听孙策要发兵，就带着一队人马前来相助，还为他提供了粮草和其他物资。如此一来，孙策不仅壮大了自身的势力，还为之后称霸江东找到了并肩作战的战友。

接着，孙策率兵前去征讨刘繇。经过多次战役，击败了刘繇，夺取了他的地盘。随后，孙策还进一步占领了吴郡和会稽郡，把江东大部分地区纳入自己的地盘，自此称霸江东。

孙策统一江东后，封吴景为丹阳太守，朱治为吴郡太守，而自己则兼任会稽太守。孙策稳重谨慎，体恤百姓，治军严明，严令禁止兵卒抢夺民众的东西，干扰百姓生活。这些命令颁布后，百姓无不拍手称好，因此孙策在江东地区深得民心，声望很高。

少年读全景 资治通鉴故事 3

▶ 汉纪 下　　▶ 孙策定江东

◀ **孙策与周瑜**
孙策志向远大，一心想继承父志，做出一番事业，终于在同窗好友周瑜的辅佐下，取得了很大的成就。

骑着上等好马，急速地追赶着一头鹿，随从们被他远远抛在了后边。就在孙策加速追赶的时候，许贡的门客忽然从树丛中跳了出来，并将箭射向了他。孙策来不及防备，被箭射中，翻身落马。这时候，孙策的随从们及时赶到，杀死了刺客。

孙策伤得很重，此后身体状况每况愈下。他清楚自己时日不多，就叫来属下张昭等人，将后事托付给他们。他说道："中原的局势复杂，我们现在有了吴、越的兵众，再加上三江的险固，定能做成一番事业，所以请你们一定要尽心辅佐我弟弟。"之后，他又叫来孙权，并将自己的官印和绶带交给他，还叮嘱道："我知道，在带兵打仗上，你比不上我；可是在选贤任能、固守江东上，我赶不上你。"当夜，这位曾征战沙场、名贯江东的孙郎就离开了人世，年仅二十六岁。

孙策去世后，年仅十九岁的孙权统领了他的旧部，执掌了大权。他谨记兄长叮嘱，在张昭和周瑜的辅佐下，不但保住了江东，还在日后大展宏图，最终与曹操、刘备形成三足鼎立之势，建国称帝，总算不负兄长的重托。

惨遭暗杀，英年早逝

眼见孙策势力越来越强大，曾经的吴郡太守许贡奏请汉帝召回孙策，以免留有后患。孙策的密探截获了此奏章，孙策看后非常气愤，命人绞死了许贡。许贡死后，他的门客千方百计要为他报仇，不断追查、打探孙策的行迹，准备伺机报仇。

200年的一天，孙策和属下一起外出打猎。他

汉纪 下

刘备三顾茅庐

刘备本为汉室后裔,但他命运不济,前半生四处流浪,历尽艰辛。他离开曹操后,又投奔过袁绍、刘表等人,一直没有自己的地盘。在寄人篱下的日子里,他一直隐藏着自己重兴汉室的远大抱负,而这一理想,终于在他三顾茅庐得到旷世奇才诸葛亮的辅佐后开始逐步实现了。

依附他人,壮志难酬

东汉末年,黄巾军起义,天下大乱。皇族之后刘备趁机起兵,想要建功立业,匡复汉室。但是许多年过去了,他南征北战,虽有名望,却仍然依附于别人。所以,刘备时常嗟叹不已,感叹自己壮志难酬。

官渡之战中,袁绍大败。此前一直依附于袁绍的刘备见袁绍不过是个见利忘义、外宽内忌之人,就与他断绝了关系,带着自己的好兄弟关羽、张飞、赵云等人一起投奔了荆州牧刘表。刘表表面上待之以礼,但他胸无大志,畏首畏尾,又担心刘备势力发展后会威胁到自己,就命他去驻守偏远的小县新野。

两拜诸葛皆扑空

刘备在新野招贤纳士,遍访有才之人。他听说襄阳有个非常有名的水镜先生司马徽,就特意

▼(明)武侯高卧图
此图为明宣宗朱瞻基所作,描绘的是诸葛亮隐居隆中时的生活。

汉纪 下　　刘备三顾茅庐

◀（三国）白玉杯

河南洛阳西区曹魏正始八年墓出土，现藏于洛阳博物馆。高11.5厘米，口径5.2厘米，底径4厘米。玉色白中泛青，玉质莹润、光洁。杯为直筒形，直口，柄形高圈足。通体抛光。

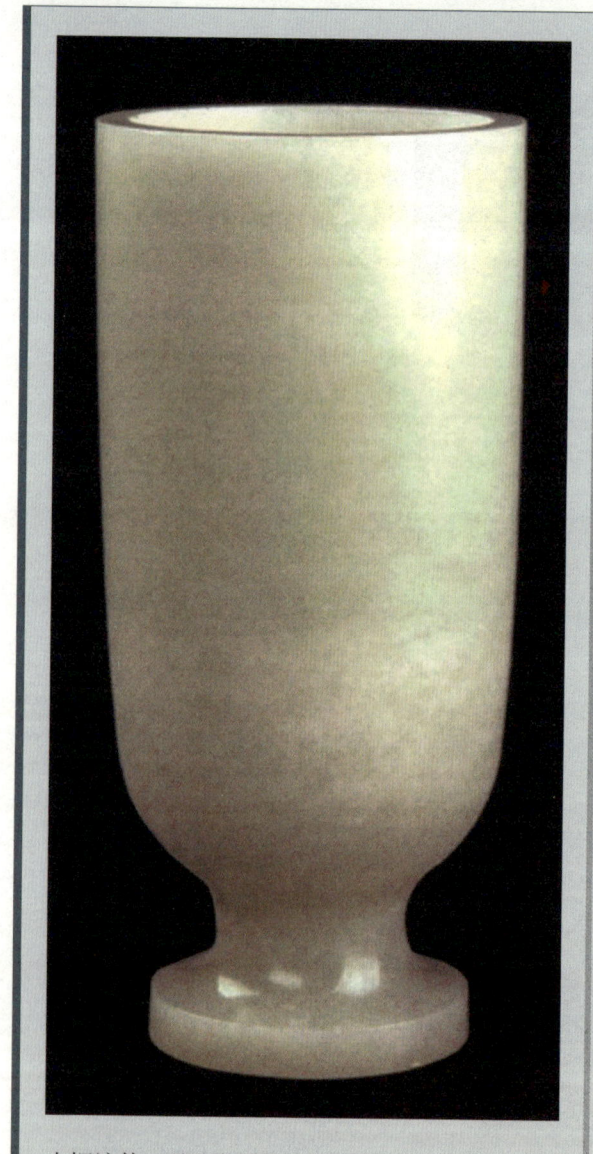

去探访他。司马徽问他为何而来，刘备答道："我是特地来向先生询问天下形势的。"司马徽笑道："卧龙、凤雏这两个人，你只要有了其中一个，就可以平定天下。"

刘备赶紧问道："卧龙、凤雏是什么人？"司马徽说："卧龙就是诸葛亮，字孔明；凤雏就是庞统，字士元。这两个旷世奇才都住在襄阳周边，皇叔（按族谱，刘备应是汉献帝的叔辈）要亲自前去求教，其他事情我也无能为力。"

刘备返回后问谋士徐庶："你听说过襄阳的卧龙先生吗？"徐庶答道："您所说的是诸葛亮吗？我和他是挚友。"刘备想和诸葛亮见面，便对徐庶说："你能否去把他请来？"徐庶摇头说道："对诸葛亮这样的贤士，皇叔应该亲自去拜见。"

于是，刘备就和关羽、张飞拿着礼品去了诸葛亮的居处隆中。三人到了卧龙岗下，看见翠绿的竹丛中有几间茅草屋。之后，他们停在茅草屋前，刘备下马，亲自去敲门。一个孩童开了门，刘备谦虚地说道："请您通禀一下卧龙先生，刘备前来探访。"孩童犹豫了一会儿，说道："先生不在，他和朋友外出远游了。"刘备听说诸葛亮不在家，只得悻悻而回。

过了一段时间，刘备听说诸葛亮回来了，就又和关羽、张飞前去探访。那时正是严冬时节，阴云满天，北风凛冽，大雪纷飞。三人来到隆中，却得知诸葛亮于前一日与友人出门了，三人只得再次败兴而归。

三拜诸葛，隆中对策

转眼到了第二年春天，刘备、关羽、张飞三人又骑马来到隆中。此时诸葛亮正在午睡，刘备就毕恭毕敬地站在草屋的台阶下等。一个时辰后，诸葛亮醒来，刘备恳请他分析当前天下形势。

诸葛亮分析道："曹操有百万大军，以天子之名号令天下，将军不可与他直接对抗。孙权驻守江东，据有天险，民众顺服于他，且江东人才辈出。将军只能和他联手，而不能与之对抗。将军应

▶ 汉纪 下　　▶▶ 刘备三顾茅庐

◀（三国）皮胎犀皮漆金铜扣耳杯
安徽马鞍山朱然墓出土，长9.6厘米，宽5.6厘米。耳杯为一种酒杯，既能双手托起，又便于在水中漂动，进行"曲水流觞"的酒艺活动。此杯为皮胎，杯口及耳镶镏金铜扣。正面有不明显的黑漆花纹，背面黑、红、黄三色相间，颜色和层次的变化使之呈现出仿佛行云流水般的自然景色。

当先占荆州，再取益州，励精图治，增强国力，伺机而动。如若占据荆、益两州，将军便可把这两地作为根据地，以险峻的地形为屏障，西和诸戎，南抚夷越，接着和江东的孙权交好，对内完善律法，储备军粮，整饬军队，发展生产。之后就可静观天下局势之变。条件具备时，就立即分两路北上攻打曹操，一统天下，完成复兴汉室的大业。"刘备听完诸葛亮的一席话，茅塞顿开，对天下局势了然于心，于是一再请诸葛亮出山。诸葛亮见刘备如此诚恳，便答应出山辅佐刘备。

博望坡军师初用兵

　　诸葛亮出山后成了刘备的军师。关羽、张飞不服，刘备以"鱼水"之喻开解二人。《三国演义》讲述了博望坡之战的故事，将关、张对诸葛亮态度的转变写得更有戏剧性。

　　《三国演义》记载，诸葛亮出山之后，曹操命大将夏侯惇率领十万兵马，向新野杀来。诸葛亮封赵云为先锋，让关羽、张飞埋伏在博望坡两边，找机会火烧曹军，他自己则守在新野城内。关羽、张飞对此不满，众将士和刘备也都有些狐疑，只有诸葛亮一人镇定自若。

　　夏侯惇率军到了博望坡，突见眼前尘烟四起，赵云率兵杀了过来。夏侯惇和他打了几个回合，赵云边打边退。突然炮声四起，刘备率兵赶来，夏侯惇急忙与之交战，刘备、赵云则且战且退。

　　天色渐暗，夏侯惇不断命令将士加快脚步。曹军行至长满芦苇的狭窄山道时，夏侯惇猛然醒悟，他正想撤兵，却听见后面传来了厮杀声。顷刻间浓烟滚滚，火势随风越来越大。曹军霎时乱作一团，互相踩踏，死伤无数。曹军本想冲出重围，却被关羽、张飞阻截。天亮时，厮杀才停止，刘备得胜而回，曹军死伤无数，损失惨重。夏侯惇带着残余兵马狼狈地逃回许都。关羽、张飞称赞道："孔明不愧是奇才！"他俩从此对诸葛亮心服口服。

　　自此，诸葛亮成了刘备的重要谋臣，也成了刘备军团中的关键人物，并为创建蜀汉政权做出了重要贡献。在诸葛亮的辅佐下，刘备如虎添翼，最终成就了大业。

汉纪 下

刘表清谈丢江山

刘表是东汉末有名的贤士，与其他七位名士并称"八俊"，世人很敬重他。他担任荆州刺史后，恩威并施，使得辖区内政治安定，百姓富足，没多久就有了几千里土地和将近十万的兵马。可是刘表生性多疑，崇尚清谈，胸无大志。他宠爱后妻蔡氏，致使妻族蔡瑁等人的势力不断扩大。刘表去世后，蔡瑁等人废掉刘表的长子，改立次子刘琮为荆州牧。此后曹操攻打南方，刘琮献州而降，把刘表拼杀下来的天下拱手让给了曹操。

名列"八俊"，仕途坎坷

刘表是西汉鲁恭王刘余的后人，祖籍山阳高平，字景升。刘表自幼勤奋好学，受到较好的儒学教育，曾参与东汉后期的太学生运动。他年轻时就很有名气，与当时其他七位贤者并称为"八俊"。刘表思维敏捷，善于思考，经常提出一些与众不同的见解。年少时，他跟着老乡南阳太守兼著名经学家王畅学习，王畅知识广博，可生活太过俭省。那时，年仅十七岁的刘表就劝谏老师道："奢不僭上，俭不逼下，盖中庸之道，是故蘧伯玉耻独为君子。府君若不师孔圣之明训，而慕夷齐之末操，无乃皎然自遗于世！"从中也能够看出，中庸是刘表所坚持的处世之道，这对他后来建功立业产生了重要影响。刘表心系苍生，可惜生于社会动荡之时，入仕为官之路充满了荆棘和坎坷。

东汉后期，外戚、宦官执掌大权，干扰朝纲，朝廷更加腐朽，士大夫和宦官之间斗争不断。当时，许多公侯名臣与保卫汉室的忠诚人士都出自南阳，于是他们就把反对宦官的政治运动中心设在南阳、汝南和颍川。刘表也加入到如火如荼的党人运动中，还做出了很大的贡献。

166年，宦官集团仗着皇权，掀起了"党锢之祸"，血洗党人。刘表为了求生，只好隐居起来。

黄巾军起义爆发后，东汉政权处于风雨飘摇之中。为了缓和社会矛盾，统治者只得废除党禁，首先着力铲除黄巾军。于是刘表出山，成了大将军何进的属下。何进很欣赏他，之后就升他为北军中候，负责管理禁军。

统领荆州，拥兵自重

189年，何进引火烧身，致使董卓独掌朝廷。自此，东汉进入了割据势力争战的时期。

190年，孙坚刺死了荆州刺史王睿，接着董卓奏请朝廷推举刘表担任荆州刺史一职。自此，刘表也开始了他一生中最关键的时期。

那时，荆州情况非常复杂，长沙太守是吴人苏代，华容长是贝羽，其他各路人马

◀（三国）庖丁剖鱼俑
此物高18.1厘米。俑首着空顶帻，即以一巾在颡际环脑一圈束发。人物面容扁平，鼻肥眼大，上着交领右衽衣，下系多褶裳，跪于四足俎前，作除鳞剖鱼状，神情专注。

汉纪 下　　刘表清谈丢江山

也都在此混战。和曹操、袁绍靠自己的兵马自立门户、占领城池不一样，刘表虽是朝廷任命的官员，却没有自己的军队，更无可信任的盟友，只能独自赴荆州上任。

面对复杂、危险的局势，刘表沉稳镇定，轻松应对。他首先想办法得到了荆州的士族蒯氏和蔡氏的帮助，并与他们一起探讨平定荆州的策略。蒯越、蒯良两兄弟是荆州有名的贤士，对于平定荆州他们也提出了自己的看法。蒯良建议多做善事，他觉得要想收买民心就要施行仁政。蒯越则建议"治平者先仁义，治乱者先权谋"，接着他又深入阐释道："袁术很英勇，可是太过优柔寡断，成不了大事，苏代、贝羽也只是武夫而已，影响不了我们，宗贼（以同族人为主的强盗团伙）贪婪、残暴，可用利益来诱惑他们。"刘表按照蒯越的建议，用利益诱惑宗贼，剿灭、收服了好几个强盗集团，之后又说服占领襄阳的张虎、陈生投降。就这样，刘表先后稳定了零陵、长沙等郡，使得荆州的局势暂时有了好转。荆州具有得天独厚的地理位置，占据荆州，对北可抗击袁绍，对南可招揽贤士，无疑是个能够建功立业的好地方。随后，刘表被朝廷晋升为镇南将军兼荆州牧，并赐号成武侯。

刘表统辖荆州后，励精图治，在管理上井井有条，立下了汗马功劳，展示了自己定国安邦之才。在他的出色治理下，荆州成了乱世中拥有千里沃土的极乐之地。刘表为了巩固自己的势力，尽可能不参与任何战争。为了使农业生产得到恢复和发展，他还采取了各种策略，使得荆州物产丰富，人民安居乐业。与曹操、袁绍招兵募卒、扩展军需的措施不一样，刘表"起立学校，博求儒术"，积极发展教育，以仁义来治理属地。因为荆州社会安定，刘表又重才惜才，因此当时有很多名士前来投奔他。

▶ 望楼

望楼，高八丈，由坚木撑起，顶端建有一座宽约五尺的板屋，屋子的底部设有一个用于过人的出入口。坚木上钉有大钉子，以便攀爬。望楼中配有一名望子（放哨人），望子手持白旗。无敌情时旗子卷起，若敌人来犯即张开白旗，若敌人靠近则将旗杆横置，若敌人撤退则慢慢举起白旗。

汉纪 下　　刘表清谈丢江山

胸无大志，溺妻失地

刘表深受儒家思想的影响，他坚持以"中庸、仁义"治天下，在统辖荆州时，注重防守，轻视攻击，这与刘备、曹操积极进攻、增强实力的做法完全不同。刘表志向不大，满足于眼前的安宁。曹操攻打吕布时，刘表没能抓住时机及时突袭曹军的后方；官渡之战时，刘表也不曾援助袁绍，以致多次错失扩张自己势力和土地的大好时机。

刘表重视名分，轻视实干，喜欢清谈，当时虽有很多贤士辅佐他，可他却不善于用人，以致众多贤士后来都改投其他人。颠沛流离的刘备前来投奔，因是自己的宗亲，刘表表面上以礼待之，实际上对其却处处防备，对刘备几次三番的提议都置之不理。在用人上，刘表表面宽松，实际猜忌，疑心重，遇事犹豫不决，使得帐下谋士、贤士劝谏的积极性也受到了很大的影响。

刘表非常宠爱后妻蔡氏，对蔡氏言听计从，而且他也是因为有蔡氏家族的帮助才稳固了荆州

▲（东汉）铜辎车
辎车是有帷幕遮蔽、供人坐卧或载物的车。汉代人认为乘辎车比乘轺车更能彰显身份。图中的铜辎车车长66.7厘米，宽31.4厘米，高29.1厘米；驾车之马长35厘米，宽10.5厘米，高38.3厘米，于甘肃武威雷台汉墓出土。此车各部位比例协调，挽具齐全，轻车肥马，显得十分灵便。

地区的局势，所以他在很多方面都要倚仗蔡氏家族，尤其是蔡氏的弟弟蔡瑁。刘表有两个儿子，长子刘琦，次子刘琮。起初，刘表因为刘琦与自己甚为相像而十分宠爱他，欲选其为继承人。后来刘琮娶蔡氏之侄女为妻，蔡氏因此爱刘琮而恶刘琦，常向刘表诋毁刘琦，称赞刘琮。刘琦心下不安，为求自保，便在诸葛亮的建议下主动要求离开父亲身边，去担任江夏太守。

208年，曹操大举进攻荆州，此时刘表背部发疽，不治而亡。蔡氏和蔡瑁阻止刘琦吊丧，并推刘琮为继承人，而刘琮胆小怕事，不久就投降了曹操，把刘表多年拼杀打下的荆州拱手送给了曹操。刘表尸骨未寒，多年打下的基业就被自己的儿子亲手断送，令后人唏嘘不已。

汉纪 下

雄姿英发周公瑾

周瑜是东汉末年东吴有名的统帅，精通军事，他在孙策统一江东的过程中立下了汗马功劳。孙策被刺去世后，孙权成为江东之主。赤壁之战中，周瑜极力主张抗击曹军，并与刘备联合，率大军在乌林大败曹军。周瑜长相俊朗，雄姿英发，时人都称他为"周郎"。

自古英雄出少年

周瑜，庐江郡舒县人，字公瑾。他生于士族大家，堂祖父周景曾担任汉朝太尉一职，其父周异曾担任洛阳令。周瑜身材高大健硕，长相俊朗。他自幼就胸怀大志，聪慧机敏，还特别喜好研习兵法。

孙坚征讨董卓时，曾带着全家人搬到舒县。周瑜为孙家安排住宿，并在生活上与孙策相互扶持，相互帮助，二人结成了患难之交。此外，周瑜和孙策在舒县广泛结交贤士，因此二人声望很高。孙坚死后，孙策统领了其父的属下，并投靠袁术，二人自此分开。

后来，周瑜去丹阳拜访担任丹阳太守的堂叔周尚，碰巧遇到即将东渡的孙策。周瑜马上率领一批兵马前去帮助他，孙策非常欣喜，说道："能得到你的帮助，就什么都顺畅了。"此后他们就开始了并肩作战的生活。二人率兵沿路征讨，先是占领了横江、当利等地，之后率兵过江，攻打秣陵，战胜了笮融、薛礼，接着又占据了湖孰、江乘，然后乘胜攻打曲阿，逼走了驻守于此的刘繇。一路上他们还大力招兵买马，军队的人数很快就达到了几万。孙策认为自己的部队实力已经很强大了，因此就让周瑜仍去丹阳。

不久，袁术派其堂弟袁胤取代周尚为丹阳太守。袁术欣赏周瑜的才华，想让他为自己所用。周瑜认为袁术成不了大事，不愿追随他，就委婉地求袁术封自己做个居巢县令。袁术答应了。

生死之交结姻亲

198年，周瑜自居巢返回江东。孙策非常高兴，命将士列阵欢迎，还亲自迎候，封周瑜为建威中郎将。这年，周瑜二十四岁。后来，由于周瑜在庐江地区声望很高，孙策就封他为中护军，命其攻打荆州，并兼任江夏太守一职。随后周瑜率兵占领了皖县。当地的乔公有两个如花似玉的女儿，人称大乔、小乔。此战后，孙策娶大乔为妻，周瑜娶小乔为妻。这样，亲如兄弟的两人结亲成了连襟。之后，孙周二人没有放慢征讨的脚步，他们继续攻城略地，战胜了刘勋后讨伐江夏郡，又占领了豫章和庐陵。此后，周瑜留守巴丘。

200年，孙策被刺而亡，其弟孙权成了江东之主。周瑜率军赶到吴郡参加孙策的葬礼，并留了下来，任中护军之职，和长史张昭共同处理军务。

▲周瑜像

汉纪 下　　雄姿英发周公瑾

殚精竭虑为东吴

曹操率大军南征时，周瑜力劝孙权与刘备联盟，迎战曹操。他分析其中的利害关系并自请出战。孙权最终接受建议，封周瑜为左督，统率三万兵马。辅助周瑜的是右督程普、赞军校尉鲁肃。周瑜和刘备的军队一起溯江而上，并在赤壁碰到了曹军。曹军不太适应江南的水土，军中疾病肆虐，士气低迷，第一次出战就大败而回。周瑜军队则首战大胜，士气大振。两军隔江对抗，曹军为了克服不谙水性的弱点，用锁链把全部船只连了起来。周瑜探得此事后，巧妙采用苦肉计，命黄盖假装归降曹操，将曹军的船队烧毁。他则亲自率兵趁乱猛击，最终大败曹军。

赤壁之战后，周瑜又与程普进军南郡，经过一年的交战，攻下了南郡治所江陵。孙权任命周瑜为偏将军，兼任南郡太守。刘璋当了益州牧后，张鲁部队前来滋事。此时，周瑜又向孙权献计，请求起兵攻击蜀地，兼并张鲁军队，让大将留守并和当地的马超会合，他则折回占领襄阳，和孙权并肩袭击曹军——只要能战胜曹军，北方地区就归东吴所有。孙权接受了他的提议。

遗憾的是，周瑜经过巴丘时不幸染病，不治而亡，时年三十六岁。周瑜一生南征北战，功绩卓越，《三国志》评价其"实奇才也"。周瑜还具有非常独特的人格魅力，东吴名臣程普曾说："与周公瑾交，若饮醇醪，不觉自醉。"后世亦有众多诗歌赞美周瑜，看来这位风度翩翩的儒将虽英年早逝，却令世人追慕，流芳百世。

▼孔明气周瑜
小说《三国演义》中有许多虚构的情节，如为了美化诸葛亮而故意贬低周瑜的情节。其实，正史上记载的周瑜绝非心胸狭隘之人，他心胸豁达，文武兼具，风度翩翩，是一位非常优秀的儒将。

汉纪 下

孙刘结盟抗曹

刘表死后，其子刘琮归降南下征战的曹操，驻新野、樊城地区的刘备和诸葛亮见无力抗击，只得逐步后退。曹操就这样轻松占领了荆州的治所、军事重地江陵。此时，一直打算坐收渔翁之利的孙权见江陵被占，曹军大举来袭已成定局，内心十分焦急。于是在诸葛亮的劝说下，他决定与刘备结成联盟，共同抗击曹操。

曹操南下，江东告急

铲除袁绍的势力后，曹操平定了北方，接着又计划举兵南下，除掉占据荆州的刘表和江东的孙权，一统天下。208年，经过几年休养生息，曹军大举向南进发。

此时，驻守在新野、樊城地区的刘备正加紧操练兵马，准备抗击曹操大军。不料，荆州牧刘表却因病去世，他的二儿子刘琮在其后母蔡氏家族的操纵下继承父位。刘琮年幼，害怕曹操大军，加上蔡氏的操控、怂恿，便不战而降，将荆州拱手相让。刘备腹背受敌，只能向江陵撤退，曹操亲自率领轻骑兵昼夜追击刘备。由于刘备大军携带辎重兵器撤退，其后还有跟随而来的数十万民众，所以一日最多能走十多里路。没多久，曹操就在当阳长坂坡赶上了刘备大军。在曹军的冲击下，刘军大乱，幸亏有张飞、赵云的拼死厮杀，刘备、诸葛亮才得以逃离困境。可赶往江陵的道路却被曹军切断了，他们只得从汉津撤退到夏口，与刘表的大儿子刘琦带领的江夏兵马会师，暂时稳定下来。

其间，江东的孙权收到了曹操的招降文书。大臣张昭、顾雍等文官想要投降，程普、黄盖等武官却主张抵抗，孙权不知如何是好。这时，鲁肃起身说道："荆州地势险要，百姓富裕，现在刘表刚刚去世，刘备就在附近，要是能让刘备和我们一起抗击曹操，就有胜算了。我们应该立即找他商量。"孙权同意了鲁肃的建议，并命鲁肃去夏口。到了夏口，鲁肃诚恳地讲明了此行的目的，正中诸葛亮下怀，因此刘备命诸葛亮和鲁肃一起去柴桑面见孙权。

诸葛亮激孙权

孙权用上宾的礼节来招待诸葛亮，但对于联盟抗曹之事依然犹豫不决。诸葛亮就故意激他："如今曹操平定了北方，又占领了荆州，士气正旺。要是吴兵能够与曹军相抗，就赶紧和曹操断绝关系，要是无法和他相抗，

▶ （三国）青瓷五联罐
三国时，随着青瓷工艺的发展，青瓷五联罐出现了。图中的青瓷五联罐高48.6厘米，罐顶堆塑四个葫芦状的小罐，瓶身相连，瓶体相通。因葫芦多籽，所以古时青瓷五联罐是多子多福的象征。

少年读全景
资治通鉴故事 3

▶ 汉纪 下   ▶ 孙刘结盟抗曹

心,将军要是能诚恳地和刘皇叔联手,曹操定会大败。之后,他一定会返回北方,与南方对峙的局面就形成了。能不能成功就看将军了。"听完诸葛亮这些话,孙权为之一振,同意和刘备联手。

孙权坚定联刘决心

诸葛亮离开后,孙权集合将领们商议此事。老臣张昭仍然主张投降。孙权很气愤。鲁肃说道:"您可千万别信他们的话。像我这样的人归降了曹操,有可能得个一官半职,可主公若归降曹操,结局可就不一定了。"孙权听完这番话后,觉得很是安慰。鲁肃又力劝孙权召回在鄱阳湖练兵的周瑜,共商大计。周瑜面见孙权时,极力主张迎战,说:"曹操尽管称雄天下,也不过就是个汉廷的佞臣。而您继承父兄之业,是江东的英豪,应该担起除掉奸臣的重担,怎么可以投降呢?况且曹操率兵自远处来袭,放弃骑兵,而想水战,实在不是明智之举。他的将士都是北方人,一定会因水土不服而得病。此时正值严冬,他们的军用供给也成问题。因此,这是俘虏曹操的最佳时机,您可千万别错过。"孙权听完他的分析,更加坚定了迎敌的信心。他拔出佩剑,用力砍下案桌一角,大声说道:"倘若有人再提降曹之事,下场和这案桌一样!"

▲诸葛亮舌战群儒促成孙刘结盟

干脆停战言降,俯首称臣。"孙权果然中计,问:"刘备怎么不投降呢?"诸葛亮说道:"刘皇叔可是皇室后人,英勇无敌,他不称王,天都不会答应,又怎么可能归降曹操呢?"孙权大怒道:"我东吴有千里沃土,十万精兵,要是刘备都不投降,我怎么可能把这大好河山拱手奉送给曹操呢?可刘备刚刚吃了败仗,能处理好这残破的局面吗?"

诸葛亮见孙权已经动心了,就阐释道:"虽然刘皇叔在长坂坡吃了败仗,可冲散的士兵都已归来,加上关羽率领的一万精锐水师和刘琦的万余兵马,足以克敌制胜。曹军远道而来,精疲力竭,据说曹军在追击我们时,每天不分昼夜赶路三百余里,正所谓'强弩之末不能穿鲁缟',此乃兵家大忌。再加上曹军都是北方人,不谙水性。荆州士兵不过是受曹操胁迫才归顺的,并非出自真

赤壁之战

随后,孙权命周瑜、鲁肃和程普率三万精兵,和刘备的部队会师,一起抗击曹军。两军对峙于赤壁。曹军千余艘战船横行江面,旗帜遮天蔽日。曹军将士擅长陆战,却不擅长水战,况且他们长途跋涉,精疲力竭,加上水土不服,大都晕船呕吐,士气极低。这时,归隐江东的庞统前来给曹操

汉纪 下　　孙刘结盟抗曹

出了个主意，提议用铁链把战船连在一起，在上面铺好木板。

曹操照做了，此后将士们走在船上如履平地。周瑜打探到此消息后，和老将黄盖合演了一场苦肉计，让黄盖诈降曹操。黄盖派人给曹操送了一封信，约定投降的日期。曹操非常自负，看了投降书很高兴，根本不疑有诈。

几天后，刮起了东南风。黄昏时分，一列船队自南向北快速驶向曹营，船桅上飞扬着青龙牙旗。曹操以为黄盖来投降，高兴地说道："黄盖归降于我，天助我啊！"这时，黄盖的船队冲着曹军水寨急速驶来。刹那间，浓烟四起，火势顺着大风越来越猛。

原来，周瑜让黄盖在十艘战船上装好干草、枯柴，并浇上油，借着东南风，起帆直冲曹军水寨，火烧曹军。此时，曹操才知道自己上当了，赶紧下令撤退。可是曹军的战船是连在一起的，一时很难分开，惊慌失措的将士没法在短时间内砍断铁链。就这样，曹军的所有战船都着了火，水寨成了火海，曹军死伤无数，损失惨重。

周瑜见时机已到，就率大军敲起战鼓，自江上和陆上两路攻打曹军，刘备也自樊口阻截曹军。曹军惊慌失措，抱头鼠窜，几乎全军覆没。曹操则从华容道逃回了江陵，狼狈不堪。

赤壁之战中，诸葛亮、周瑜是刘孙两方的重要谋臣，他们用无穷的智慧，采取正确的策略，最终战胜了强大的敌军。在中国历史上，赤壁之战不仅仅是一次以少胜多的典型战役，更为之后魏、蜀、吴三足鼎立之势的形成打下了根基，深刻地影响了历史的进程。

▼周瑜火烧赤壁

汉纪 下 — 刘备借荆州

赤壁之战刚刚结束时，曹操虽被打败，但还是不愿放弃荆州，于是留曹仁、徐晃驻守江陵，乐进驻守襄阳，自己则率兵逃回北方。209年冬，曹仁在周瑜的大举进攻下，因无力招架，遂放弃江陵北撤，于是周瑜占领了江陵。此时，刘备率本部兵马驻守在江南的油江口，并改油江口为公安。公安地小物稀，不利于发展，于是刘备便向孙权提出希望"都督荆州"，最终他如愿以偿，实现了《隆中对》中的第一个目标。

占据公安，又添新愁

赤壁之战后，周瑜和程普带领几万兵马攻打曹操所占据的南郡治所江陵，与曹操属下曹仁隔江对峙。两军兵力相当，很难较出高下。后来，为了抢先占领南郡的另一要冲夷陵，周瑜属下甘宁率军向西袭击，却被曹仁派军包围。危急时刻，周瑜、程普亲率将士赶去救援，并大败曹军，胜利回师。周瑜又趁势到了长江北岸，并扎营江北。

209年年初，刘备配合周瑜在江陵围攻曹军。趁江陵大战，周瑜无暇南顾之机，刘备要求代为收复南方四郡（长沙、桂阳、武陵、零陵），孙权应允了。但是当时刘备本人并没有四郡的所有权，也不敢强占之而得罪孙权，只好将四郡交还。

后来，周瑜军队猛攻江陵。几次激战后，曹军损失惨重，曹仁只得弃江陵撤兵北上。孙权任命周瑜代理南郡太守（治江陵），程普为江夏太守。

周瑜将南郡江南岸的地盘分给刘备，刘备率本部兵马驻守江南的油江口。刘备曾被汉献帝封为左将军，号左公，驻扎油江口后即改油江口为公安，取"左公安靖，日后强雄"之意。

可是，公安位于长江南岸，西边无法通过荆门山，北边有长江阻挡，并非久居之地。要继续扩展自己的势力，就一定要占据整个南郡，这样才能控制南郡地区。可南郡现在由孙权掌控，怎样才能既得到南郡，又不把建立不久的孙刘联盟给毁掉呢？

商借荆州，一借无还

刘备思虑再三，仍无良策，于是冒着生命危险去见孙权，提出"都督荆州"，也就是"借"荆州。

周瑜病死后，孙权命鲁肃接管周瑜军职，程普代理南郡太守，负责整个荆州地区的防务。鲁肃从联盟以抗曹操的战略方针考虑，极力劝说孙权暂时将南郡"借"给刘备，孙权最终同意了。很快，程普从江陵退至江夏，鲁肃退至陆口，东吴将

▶（西晋）骑马陶俑
三国两晋和南北朝时期，陶俑工艺发展很快，作品涉及的社会生活面很广，有很高的历史价值和艺术价值。

少年读全景
资治通鉴故事 3

▶▶ 汉纪 下　　▶▶ 刘备借荆州

自公安以西的荆州长江沿岸的重地全部移交给了刘备。此时，荆州七郡，刘备已占其五。

此后，刘备以荆州为根据地，大力扩张自己的势力，并成功占领了益州。看见刘备实力激增，孙权很后悔之前把南郡"借"给他，于是屡次命人去索要，可刘备总是找借口推托。为此，双方最终兵刃相见。后世也有了一句著名的歇后语：刘备借荆州——有借无还。

▶ 刘皇叔洞房续佳偶
209年冬，刘备前往东吴迎娶孙权的妹妹，准备找机会向孙权借荆州。图中坐着的为刘备与孙权的妹妹孙尚香。

少年读全景
资治通鉴故事 3
▶▶ 汉纪 下　　▶▶ 凤雏佐汉取益州

汉纪 下
凤雏佐汉取益州

占据荆州五郡后，刘备已按照诸葛亮在"隆中对"中提出的策略，实现了第一个目标。之后，名满天下的凤雏先生庞统经过深思熟虑，说服刘备进攻益州。那时的益州是一块富庶之地，可管理益州的刘璋却是个胆小无能、无所作为、心胸狭窄之人。在庞统的策划下，刘备占领了益州，为其之后一统蜀地、建国立业奠定了坚实的根基。

凤雏庞统，才能出众

庞统，祖籍襄阳，字士元，号凤雏。他老谋深算，早前曾隐居于江东以避战乱，其间鲁肃将他引荐给了周瑜。赤壁之战中，庞统提出连环计，使曹营被烧，助周瑜大获全胜，从而一举成名。周瑜死后，他又被鲁肃举荐给了孙权。孙权以貌取人，轻视庞统，同时厌恶他的高傲自满，一直没有重用他。

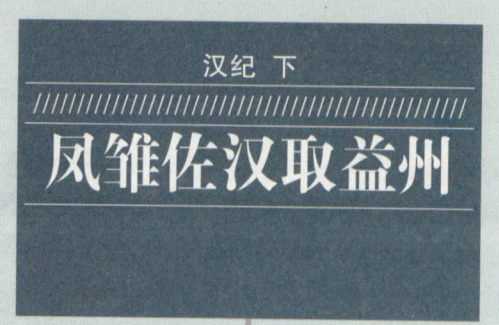

诸葛亮赏识庞统的才华，劝他投靠了刘备。那时，刘备刚做了荆州牧，并不了解从远处来投奔自己的庞统，因此仅封他为耒阳县令。庞统心浮气盛，觉得这是牛鼎烹鸡，有些失望。他虽然做了县令，却不理政务，也没什么政绩，因此被革

▼庞统巧授连环计
赤壁之战中，庞统献连环计使曹营被烧，助周瑜取得大胜，他也因此名扬天下。

一二六

汉纪 下　　凤雏佐汉取益州

▶ 剑门关遗址

剑门关位于今四川广元剑阁城北30千米处，因地势险要而成为川北屏障，历来为兵家必争之地。

职了。

后来，经过诸葛亮和鲁肃的力荐，刘备又一次见了庞统，和他一起商讨天下大事，发现他才识过人，从此对他刮目相看，并立即封他为治中从事，没多久又封他为军师中郎将。有了"卧龙""凤雏"这两个奇才的帮助，刘备更是如鱼得水，如虎添翼。

深谋远虑，佐汉取益

虽然从孙权处成功"借"来了荆州，但是刘备一直心下不安，担心有朝一日孙权会索回荆州，到时自己依旧没有立足之地，连条退路也没有。因此他开始想尽办法扩张势力范围。211年，益州牧刘璋命人去荆州接刘备到益州，邀他一同抵御另一支割据势力张鲁。刘备犹豫不决，而庞统则觉得这是占领益州的最好机会，因此就对刘备说道："由于战争的摧残，如今荆州成了荒凉、残破之地，很多民众远走他乡。况且孙权驻守在东边，北方的曹操也是觊觎多时，因此荆州并非久居之地。益州人口达百万，土地广阔，资源丰厚，若能占领之，定能成就大业。"

刘备仍旧担忧地说道："曹操残暴，民众不悦，与他相反而行，才可笼络民心。现在为了占领益州，与刘璋翻脸，岂不惹人非议？"庞统答道："身逢乱世，没人能预料事情的发展方向，做事不可循规蹈矩，要随机应变，而且攻城略地、吞弱避强是很平常的事。刘璋软弱无能，我们要是不先接管益州，益州早晚也会被他拱手让人。我们占领益州，再赏他一块领地，就不会有人非议了。"刘备觉得庞统言之有理，就作了精密的部署，以益州内部的张松、法正、孟达为内应，同时命诸葛亮、关羽驻守荆州稳固后方，自己则亲率大军，在庞统的帮助下去取益州。

刘璋和刘备会师于涪陵。庞统献计道："找准时机拿下刘璋，就可不费一兵一卒占领益州了。"刘备说道："不能如此，我们刚到别人的领地，还不具备恩德信义。"

刘璋以礼接待了刘备和他的属下，给刘备增加了兵马军粮和兵器物资，让刘备驻守战略要地白水关，并命他率军攻打张鲁。随后刘璋返回了成都，刘备则率领部队去白水关附近的另一重要关卡葭萌关，也没有马上去袭击张鲁，而是先在葭萌关整饬军队，养精蓄锐，目的就是要树立威信，笼络民心。

此后将近一年的时间，刘备都驻守在葭萌关。后来，庞统分析道："暗中征选良将，昼夜赶路，直取成都，刘璋无作战能力，平日又没有做

少年读全景
资治通鉴故事 3

▶▶ 汉纪 下　　▶▶ 凤雏佐汉取益州

▶（三国）彩绘童子对棍图漆盘

安徽马鞍山朱然墓出土，直径14厘米，为彩绘漆器，首次使用了油彩，使得其上画面更加光彩夺目。画面上童子对棍，天真无邪，生活气息浓郁。外圈游鱼甚得水势，鲤、鳜、鲇诸类，形象逼真，清晰可辨，衬以莲蓬、水波和云龙纹，构成一幅象征"连生贵子""年年有余"的祥和画面。

好防御工作，倘若我军突袭，定能占领益州，这是上策；刘璋的良将杨怀、高沛手握精兵，分别驻扎在附近，主公若借口回荆州，两人仰慕您，必会亲自来送行，我军便可趁机拿下他们，接着收编他们的部队，攻取成都，这是中策；撤兵至白帝城，使它和荆州成一条战线，接着再袭击刘璋，这是下策。无论采取哪一种策略，都绝不能再拖延下去，否则凶多吉少。"

刘备决定按照中策来行事，依计杀死了杨怀、高沛，接着进军成都，最终大败刘璋，成功夺取益州。

君臣相得，雒城折翼

夺得益州后，刘备至涪陵，宴请将士。刘备对庞统说道："今日会师，实在大快人心。"庞统说道："仁者是不会因为征讨别的国家而快乐的。"刘备借着醉意怒喊："当年武王讨伐纣王时也曾边歌边舞，庆祝太平，你能说他不是仁人吗？你所言根本就没道理，给我马上出去！"因此庞统站起来告退。他刚一出去，刘备就有了悔意，又把他叫了进来。庞统回到席上，接着不慌不忙地品尝美味佳肴。刘备问道："你觉得刚才我们谁说得对？"庞统答道："各有不对之处。"刘备大笑，宴席的气氛再次热闹起来。

遗憾的是，不久，在围攻雒城的战役中，庞统亲自率兵攻城，不幸为流矢所伤，不治而亡，卒年三十六岁。刘备痛失良将，心痛难当。后来，他追封庞统为关内侯，谥号靖侯。

汉纪 下　　曹操统一关西

汉纪 下
曹操统一关西

赤壁之战后,曹操回到北方,改变了军事部署,开始调整兵力攻打由马超、韩遂统治的关西地区。此时,包括关中和陇右在内的关西地区群雄争斗,动荡不安。曹军仅用短短三年的时间就战胜了敌军,占据了关西地区,进一步稳固了后方营地。

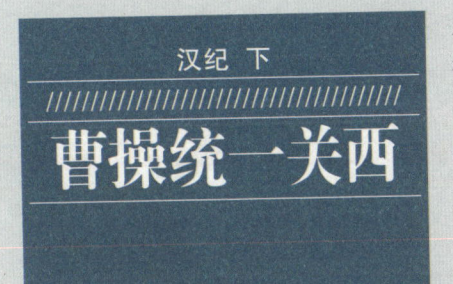

南伐失利,转战关西

211年,曹操准备攻打关西地区。那时,曹操很清楚,关西地区的各种割据势力都蠢蠢欲动,可表面上看他们都服从朝廷,如果自己贸然发起攻击,可能会导致民心不服。为了使自己可以名正言顺地出兵,曹操采用了一点小手段。出于试探各路割据势力想法的目的,曹操先让钟繇和夏侯渊发兵关中,扬言袭击对朝廷有二心的割据汉中的张鲁。这牵涉到关西各割据势力首领的身家性命。倘若他们并不理会此事,曹操就能成功占领汉中,而不用耗费大量兵力;倘若他们兴兵,就是和朝廷对抗,也就正中了曹操的计策,曹操便可名正言顺地出兵讨伐。不出所料,关西的割据势力听说此事后,相继起兵谋反,发誓要抵抗曹操。

曹操终于找到了出兵的借口,与关西势力展开了一场大战。其间,曹操命安西将军曹仁率兵向西讨伐,并扎营于潼关。接着,关西各路割据势力相继到了潼关。看着各路关西军,曹军上下人心惶惶,可得到情报的曹操却一点儿也不担心,甚至还为前来潼关的关西军队不断增多而感到高兴。众将士都很纳闷,不知曹操为何意,就问道:"敌军不停地加大力量来潼关,将军为何丝毫不担心呢?"曹操笑着说:"关西土地广阔,各地势

力各守各处,依靠险要地形进行防守,我们要是一一去攻取他们,既耗时又未必能铲除他们。如今,他们都聚集到了这里,尽管人多势众,可军心不一。他们只为自己而战,作战时自会方寸大乱,我们趁机消灭他们,并非难事。"众将士听完,有所明白,都很钦佩曹操。

冲破潼关,步步为营

211年秋,曹操赶去潼关,亲自督战。曹操让将士佯攻其中一支以马超为首领的军队,暗地里则命徐晃、朱灵带领四千轻骑兵偷偷地到了黄河北岸,再向西由蒲坂津插到黄河西岸去,并扎营在那里,抢占重要关卡。之后,曹操让主力部队沿着先头部队走过的路相继过河,和驻守在西岸的徐晃会师,顺利地占领了黄河西岸、渭河北岸地

▼曹操抹书间韩遂

少年读全景资治通鉴故事 3

▶▶ 汉纪 下　　▶▶ 曹操统一关西

区。同时曹操率兵攻打马超军后方，冲破了关西军精心部署的潼关防线。马超军抵挡不住，溃逃至渭口，严守渭河防线。

渭河防线易守难攻，马超等人沿河派兵驻守，严防曹军过河。曹操轻松应战，率军到了北岸，并让部下沿渭河布阵，动摇马超军心。接着，曹操抓住马超军的防备漏洞，趁夜命人悄悄地在河上搭了座浮桥。曹军于当夜到了河对岸，安营扎寨，与马超军对抗。

马超听说曹军已成功过河，害怕曹军截断自己的后路，就率军趁夜袭击曹军。曹操早就预料到了，让将士潜伏在营地两边，大败马超军。接着，马超想割地求和，曹操断然拒绝。

不久，曹操再次出兵，全军都渡过了渭河。马超等人觉得在自己地盘上作战，再加上势力强大，因此气焰嚣张，几次三番写信挑战曹军。可曹操拒不出兵，以此消磨关西军的士气。两军对峙了很长时间，马超决定向曹操求和，还同意派送人质。

施离间计，智取关西

此时谋臣贾诩献上一计，建议曹操佯装同意和马超议和。曹操问贾诩为何如此，贾诩答道："我们要让马超和他的重要帮手韩遂之间产生矛盾，这样我军就有机可乘。"曹操决定采纳贾诩的建议。于是曹操同意议和，并与马超商定择日见面。马超派韩遂与曹操见面。曹操与韩遂本是旧识，曹操故意丝毫不提作战一事，仅说些从前的往事，他们二人谈得很尽兴，看起来十分亲密。在场的关西随从看得清清楚楚。韩遂回到营地后，马超问他："听说你和曹操相谈甚欢，都说了些什么？"这时韩遂还没有察觉到此事的严重

◀（三国）错金银铜弩机
出土于三国时东吴将军孙鬣之墓，孙鬣为孙权堂侄。此弩机盘长17.6厘米，前宽2.7厘米，后宽3.7厘米，通高20厘米，其上有铭文曰"将军孙鬣弩一张"。

后果，就随口答道："只是聊些从前的旧事。"马超心想："出使敌营不谈正事，怎么可能？"

过了几天，曹操命人把一封信交给韩遂，并有意在信中留下几处涂改的痕迹。马超看过信后，猜测韩遂把一些关键的词句改掉了，觉得韩遂有了二心，便砍断了韩遂的一只手。从此二人有了矛盾，虽面对强敌也无法同心抗敌。曹操觉得时机已经成熟，便率兵出战，一举击败了关西军。此战史称渭南之战。

渭南之战后，马超逃到凉州，后来投降了刘备。另一支割据势力的首领杨秋逃到了安定郡。曹操铲除了关西军的要部，占据了关西的大半地区。随后曹操自长安发兵，讨伐杨秋，杨秋不战而降。不久，河北地区发生暴乱，曹操忧虑中原局势，就命夏侯渊留守长安，自己班师回朝了。

214年，经过多年的南征北战，浴血杀敌，夏侯渊终于铲除了关西军的残部。此后，曹操统辖了关西地区，使得后方营地更加稳固，并为其随后攻打汉中打好了基础。

汉纪 下　孙权曹操争淮南

汉纪 下
孙权曹操争淮南

在攻打关西军的同时，曹军还和东吴军在淮南发生了战争。淮南地区有着丰厚的物产资源和良好的地理条件，为了保住这块要地，曹操在此屯田练兵，修筑军事基地，制造战船，以此强化和稳固淮南的防线。而赤壁之战后，孙权也渐渐统辖了岭南地区，稳固了长江防线，他也想抢占淮南，于是双方厉兵秣马，进行了又一场大战。

▼（三国）红陶人物飞鸟罐
高34.3厘米，腹径23.8厘米，1955年江苏南京赵士岗出土，现藏于南京博物馆。罐体由上下两部分粘接而成，通体施青釉，釉色纯净，制作集堆、塑、雕、贴、模、印等手法于一体，达到了相当高的工艺水准。

争夺淮南，战线东移

208年冬，即赤壁之战后不久，孙权亲自率领十万精兵围剿合肥。为了能在曹操忙着平定关西势力之时占领淮南地区，他还命张昭率兵攻击九江郡的当涂。

在扬州刺史刘馥的奋力抗击下，孙权的袭击没有成功。没多久，曹操派来援兵。孙权围剿合肥将近百日，还是没能攻下城池，只得撤兵。其间，张昭也撤兵离开九江郡。虽然此次围剿未果，但却可以看出孙、曹战线已经转移到了东面。曹操这才意识到稳固淮南防线的必要性，倘若合肥、庐江被占，自己就要撤兵于淮水以北，没有了淮南这道天然防线，基地许昌就可能朝不保夕。于是，第二年春天，曹操开始在谯县大造战船，操练水军，并亲赴合肥考察情况，以应付水战。为了防守淮南战线和贮存军粮，曹操还封仓慈为绥集都尉，命他屯田于淮南地区，修筑水渠，浇灌农田，增加粮食产量，做好与东吴作战的充分准备。此时，庐江地区的陈兰、梅成等人带领农

少年读全景
资治通鉴故事 3

▶▶ 汉纪 下　　　▶▶ 孙权曹操争淮南

◀ 吕蒙像

吕蒙，字子明，汝南富陂人，三国时期东吴著名军事家、将领。他智勇双全，屡献奇计，很受孙权重用。孙权称赞他"富贵荣显，更能折节好学，轻财尚义，所行可迹"，有国士之量。

民起义。曹操命荡寇将军张辽前去铲除起义军，接着又让张辽、乐进和李典等人带领七千兵马扎营合肥，以应付随时可能出现的情况。

濡须对峙，皖城失守

此时，孙权在岭南地区的势力也在迅速发展。210年，由交趾太守士燮统辖的岭南七郡全部归顺了孙权，自此，交州地区也成了东吴的领地。其间，孙权还强化了长江北岸的防守，并迁都秣陵，第二年又大兴土木，修筑防御工事，并将秣陵改名为建业。另外，他还在巢湖的濡须水口大建坞堡，并把这里当成自己遏制曹操水兵、北上夺取淮南的通路。

212年冬，曹操基本平定了关西地区，解除了西边的隐患，接着他就开始应对淮南之事。在发兵攻打孙权之前，他写信给孙权，对孙权进行劝降被拒。213年正月，曹操亲自率领四十万兵马向南攻打濡须口，他先是冲破了长江西边的孙权防线，并捉拿了东吴都督公孙阳。孙权赶紧率七万兵马还击，并命以大将甘宁为首的先锋军袭击曹营，小胜曹军。当天夜里，曹操水兵想偷渡到一个沙洲上，没想到却被孙权军所围，其中三千人被俘，另外几千人溺水而亡。曹操得到消息后，命将士不理会敌军的任何挑衅，固守营地，伺机而动。

一次，孙权亲乘战船察看曹军状况。刚一接近曹营，曹军万箭齐发，箭如雨下，没多久就扎满了孙权战船的一侧，整只战船看起来就像只巨大的刺猬。由于船一侧受力太大，将有翻船的危险。孙权不慌不忙地命人调转船头，让船的另一侧也扎满箭，随后就载着满船的箭回去了。后来，孙权再次乘船巡察敌情时，曹操命将士不要射箭，并严格监视孙权的战船，最后孙权率兵检查了一会儿就轻松地返回了，返回时士兵们敲锣打鼓。曹操见孙权战船牢固无比，军容齐整，不由得慨叹道："生子当如孙仲谋，刘景升（刘表）儿子若豚犬耳！"就这样，两军对峙了一个多月，还是没有分出胜负。到雨季来临时，孙权就写了一封信给曹操，信上仅十六个字："春水方生，公宜速去。足下不死，孤不得安。"曹操让将士们传看信件，并说道："所言属实，不得不撤。"因此就决定撤兵。

214年，皖城稻麦大丰收。吕蒙知道后，向孙权提议道："皖城富饶，此次稻麦大丰收，一定会使曹操的势力更强，要尽快解决这个隐患。"于是，孙权率兵前去征讨皖城，轻而易举就拿下了皖城，并俘虏了庐江太守朱光。随后，孙权封吕蒙为庐江太守。这次战役极大地增强了孙权向北扩张以及攻取淮南的信心。

汉纪 下　　孙权曹操争淮南

张辽威震逍遥津

215年秋，孙权再次亲自率领十万兵马攻打合肥。那时，驻守合肥的是张辽、李典、乐进和薛悌等人，他们仅有七千兵马，与孙权实力悬殊。

曹操早就猜到孙权会侵犯合肥，因此给护军薛悌留了一封密信，让他"贼至乃发"，依计应付。孙权到了合肥城下，薛悌和将士们打开密信，信中写道："若孙权至者，张、李将军出战，乐将军守，护军勿得与战。"曹操觉得张辽、李典是骁勇善战之将，所以让他们应战；乐进稳重，让他驻守城池；护军薛悌是文将，让他来调节关系，使大家一同抗敌。众将士看过信后，疑虑重重。孙权率大军来袭，敌众我寡，敌强我弱怎么曹公还坚持应战？张辽有勇有谋，明白了曹操的用意，他说道："曹公足智多谋，知道我们根本来不及等待救兵，因此我们要趁吴军还没站稳脚跟时主动攻击吴军，挫伤他们的士气，稳定军心，这样才能保住城池。"他见大家还有疑虑，就又说道："这一战至关重要，成败在此一战，你们要是怀疑的话，我自己去迎击他们。"这时，李典也表示愿意前往迎击敌军。接着，他们就趁夜挑选了八百名先锋将士，摆下酒席犒劳他们，意欲以此来增强士气。

翌日，张辽和李典率先锋军冲杀到敌军阵前，张辽首当其冲，接连杀死多人，后来直接朝孙权杀了过来。孙权大吃一惊，立即退到高处，别的士兵赶紧围过来，想要围歼张辽。张辽勇猛无敌，率领部下冲破了包围。两军一直打到响午时分，吴军死伤无数，士气严重受挫。张辽回城后死守城池，这时"众心乃安，诸将咸服"，纷纷表示抗争到底。接下来的十几天，孙权不断围剿合肥，仍未果，只得撤兵。张辽听说孙权正和一些将士巡察于逍遥津北岸，就立即趁机袭击他们。吴将甘宁、吕蒙匆忙应战，凌统则保护孙权冲出包围来到逍遥津桥，却没法渡河，因为有人已经把桥破坏了。紧急关头，孙权猛拍战马，飞跃而过，这才保住了性命。不久，曹操亲率士兵在濡须口战胜了孙权，孙权准备不充分，只得求和。自此，曹、孙淮南之争告一段落。

◀张辽威震逍遥津

张辽（169~222），字文远，雁门马邑人，三国时魏国著名的军事将领，官至前将军、征东将军、晋阳侯，与乐进、于禁、张郃、徐晃并称曹魏的"五子良将"。

少年读全景
资治通鉴故事 3

▶▶ 汉纪 下　　▶▶ 赵子龙一身是胆

汉纪 下
赵子龙一身是胆

赵云是刘备手下的良将，在当阳长坂坡的激战中，他单骑救主，一时间名扬天下，刘备赞他一身是胆，士兵们尊其为"虎威将军"。赵云是人们心中理想的武将。他文武双全，忠勇兼备，一方面是厚重严肃、骁勇善战、救主于危难的猛将，一方面又是柔贤慈惠、宅心仁厚、跟随先主打天下的开国功臣，因而自古以来一直受到人们的推崇和喜爱。

追随刘备，情同手足

赵云，常山真定人，字子龙。他长得俊朗健硕，又精于骑马和射箭，因而在乡中颇有名气。在当地百姓的举荐下，他率本郡民兵投靠了公孙瓒。

那时，刘备也在公孙瓒手下做事，因而非常赏识赵云。由于刘备做事得力，公孙瓒就奏请朝廷封他为别部司马，让他和青州刺史田楷共同抵抗冀州牧袁绍，赵云也参加了此战。此后的日子里，刘备与赵云一直并肩作战，因此成了挚友。之后，赵云因哥哥离世不得不辞官回家。

刘备送别赵云，毫不掩饰自己的不舍，赵云深为所动。

200年，刘备为曹操所败，正想去投奔袁绍。赵云听说此事后，就前往邺城见刘备，此后他们二人卧则同榻，起则同行，情如兄弟。后来，刘备偷偷命赵云招募兵卒，收容并改编将士，以此扩张自己的势力。从此，赵云一直跟着刘备出生入死，他忠心保主的军旅之程也自此展开。

侠胆英豪，忠心护主

208年，曹操率几万兵马攻击刘备，刘备屡

▶赵子龙单骑救主
赵云单枪匹马，在长坂坡七次杀进曹军重围，终于救出幼主刘禅，此事被传为千古美谈。

汉纪 下　　　赵子龙一身是胆

▲（三国）青瓷仓廪院落
平面呈长方形，由围墙、门楼、仓廪、房舍等部分构成。造型宏伟，布局精巧。

战屡败，撤兵南下逃往江陵。曹操命骑兵紧紧追杀他们，最终在当阳长坂坡拦住了刘备。危急时刻，刘备只得丢下妻儿，命张飞携少量兵马挡住曹军，自己则率不多的兵马逃命去了。这时，赵云没有跟着刘备一起逃亡，而是转身冲向曹军，有人看到了这些，就告诉刘备说，赵云肯定是北上投奔曹操去了。刘备怒喝道："子龙是不会这么做的。"

和刘备说的一样，赵云是不可能背叛他的。他独自冲进了曹军阵地，只为找寻刘备的甘夫人和幼主刘禅，最终他在破败城墙的一口枯井边见到了甘夫人和刘禅。接着，他就护卫甘夫人和刘禅，一路浴血奋战，杀出了重围，赶上了刘备。赵云骁勇善战，"单骑救主"之事感人至深。刘备为之所动，就升赵云为牙门将军。

赤壁一战后，刘备占领了荆州五郡，实力大增，封赵云为偏将军，兼任桂阳太守。之前的桂阳太守赵范有个寡嫂樊氏，她容貌秀丽，赵范想把她送给赵云为妻，以此来巴结赵云。赵云一脸正气地说道："你我乃同族，你嫂子就是我嫂子。"那时，也有一些部下想让赵云同意这桩婚

事，可赵云始终没有答应。赵范没能以美色牵制住赵云，没多久就找理由逃跑了。

直言敢谏，高风亮节

刘备刚平定巴蜀时，想把成都的豪华宅院和上好的土地分赏给众将士。赵云不同意，说道："当年，霍去病曾说'匈奴未灭，无以家为'。如今国家动荡，益州民众正身处战火之中，我们应当把宅院、田地还给他们，这样百姓才能安居乐业，服役纳税，由此社会才会稳定。"刘备认为此话很对，就没有把宅院、田地分给将士。

219年，刘备和曹操争夺汉中，曹操在北山下储藏了大量的粮草，刘备帐下大将黄忠觉得可以找机会抢夺粮草，切断曹军供给，就率兵进击北山去了。过了几天，音信全无，赵云很是担心，就率领几十个人赶去打探消息，途中碰上了曹操大军。赵云率领众将士左右冲杀，终于杀出了包围圈，可曹军紧紧追击。这时，赵云的手下将士张著又被曹军围住，无法脱身。赵云转身杀进曹军，奋力救出张著，快速地返回了军营。

这时，曹军也追杀到了营前。守将张翼想马上关上营门守住营地，可赵云却让他把营门敞开，还让军士鸣金收兵。曹军害怕刘军有埋伏，就不再追击而向后撤。赵云又命将士击打战鼓，奋力射箭，曹军惊恐万分，大乱溃逃。刘备得知此事后，称赞道："子龙浑身都是胆哪！"此后，赵云被全军将士尊称为"虎威将军"。

刘备攻下成都后，命赵云担任翊军将军。后主刘禅登基后，又封赵云为镇东将军，并赐号永昌亭侯。229年，赵云因病去世，被追封为顺平侯。赵云为人刚强谨慎，毕生忠诚护主，爱护百姓，因此人们一直都很尊敬他。

汉纪 下　　襄樊之战

襄樊之战

刘备身为皇室后裔，一直以恢复汉室为口号，想北上除掉曹操，完成统一大业。襄阳和樊城是自荆州北上的必经之地，要想统一天下，刘备必须先拿下这两处战略要地。在与诸葛亮详细分析了当时的局势后，刘备决定发兵攻打襄阳和樊城。可最终曹操战胜了刘备，阻止了其北上的步伐。刘备不仅没有达到战略目的，反而在战争中被孙权抓住时机夺去了荆州，还痛失良将关羽。

水淹七军，威震华夏

当初，孙权权衡利弊，将荆州借给了刘备。刘备以荆州为基地，逐渐发展，后来更是占领了益州。这使得孙权万分担忧，于是他屡次向刘备索要荆州。但是，刘备一直找各种借口拖延归还时间。最终，刘孙正式决裂，双方决定一决雌雄。这时，曹操刚战胜张鲁，占领了汉中。刘备见益州失去屏障，只得放弃和孙权激战，将荆州三郡归还给孙权，匆忙返回西川。

刘备命关羽驻守荆州南郡，曹操命曹仁守卫襄樊地区。关羽闻听屯驻防守樊城的曹仁只有不到一万人的兵力，觉得攻打襄阳和樊城的时机已经成熟，就把想法告诉了刘备，并着手在南郡积极部署防守之事。刘备和诸葛亮仔细地研究了一下眼前的形势，觉得可以出战，就同意关羽攻打襄樊。

219年夏，关羽命南郡太守糜芳驻守江陵，将军傅士仁留守公安，叮嘱他们掌管后方供需，防御东吴，并要补充兵马以备不时之需。接着，关羽就带领关平等人，亲自率领几万重兵北上攻打樊城。

▲（三国）陶独角兽
高13.9厘米，身长26.5厘米，呈青灰色。人面兽身，头与身体平行，独角前伸，角尖断，四蹄直立，鼻挺直，双耳竖起，双目正视前方。兽身粗壮，尾遗失。

曹仁闻听关羽北伐之事，立即召集帐下的几千兵马死守樊城，还命人去曹操那儿求援。曹操命汝南太守满宠前往樊城帮助曹仁守住樊城，命将军于禁、庞德带领七支军队赶去援助曹仁，还命以将军徐晃为首的预备兵在紧急关头和大军相互照应。

于禁率领七军到了樊城外，就扎营于樊城之北，和城里的曹仁大军相互呼应。没多久，关羽军就过了襄江，到了樊城城下。关羽想先包围樊城，待击退援兵后再攻打樊城。曹仁和于禁商量后决定派七路兵马一起抗击关羽。于禁首先派遣两路兵马打探敌军情况，却大败而回，死伤无数。

此后曹仁坚守不出，关羽几次攻城均无功而返。之后，关羽探查樊城地势，发现曹军扎营于山谷之中，便想到了破敌之策。于是，关羽命将士备好木筏和小舟。士兵们对此大惑不解，关羽说道："现在是多雨季节，这几天肯定会下大雨，到那时江水涨得很快，我们便挡住各个水口。一旦洪水袭来，我们可挖开水口放水淹死曹军，到时这些小舟和木筏就用得上了。"

没过几天，真的下起了倾盆大雨，洪水汹涌而来，吞噬了整个樊城，把没有防备的曹军冲得七零八落。为了躲避洪水，于禁率将士爬往高处。这时，关羽率荆州水兵撑筏划舟，趁机对曹军展开进攻，无路可逃的于禁只得率兵归降。庞德率少数兵马浴血厮杀，最后因人少势弱而战败，被关羽部下大将周仓所擒。庞德宁死不降，

少年读全景
资治通鉴故事 3

▶▶ 汉纪 下　　▶▶ 襄樊之战

▼关羽放水淹七军
关羽水淹七军，威震天下，军事生涯发展到了顶峰。曹操为了避其锋芒，甚至有迁都之意，在谋士的劝阻下才作罢。

最后被关羽所杀。

洪水持续了几天，樊城的一部分城墙因浸泡过久而倒塌了，再加上城内守军得不到援军的帮助，连军粮也供给不足，人心惶惶，于是有人提议弃城而逃。在此危急时刻，汝南太守满宠站了出来，他引导众人平静下来，并抚慰大家道："虽然洪水很猛烈，可来去迅速。倘若我们就这样弃城撤退，就相当于把樊城白白送给了关羽，那我们就成了辜负曹公的有罪之人，望诸位能坚持下去。"接着，他又命人把白马沉到水里，并和将士们一起对天起誓，要和樊城共生死。这样，樊城的民众才逐渐安下心来。

关羽水淹七军，威震华夏，曹操大为震惊。为了避开关羽的锋芒，他甚至想离开许都，暂驻别处。此时，曹操手下的谋臣司马懿向曹操进言，说关羽虽有勇有谋，胆识超人，可太过高傲，且和孙权有隙。他建议曹操派人去劝说孙权发兵攻打关羽，截断关羽的后方，如此一来既能保住樊城，又可使中原再无后患。曹操同意了他的提议，命徐晃驻守宛城，时刻做好支援樊城的准备。由于大胜曹仁军，关羽有些骄傲了，在士兵的崇敬和百姓的赞扬声中逐渐自大起来。正当他沉溺于水淹七军的巨大喜悦之中时，形势已经悄悄地发生了变化。

吕蒙施计，关羽大意失荆州

得知关羽获胜，孙权的心情很复杂，他很想夺回近在咫尺的荆州，又非常忌惮关羽现在的威名。想到自己曾打算将女儿嫁给关羽之子，可关羽不但不领情，还大骂前去提亲的使者，孙权对关羽更加恼恨。恰在此时，一向主张孙刘联合的重臣鲁肃离开了人世，大将吕蒙接任了他的职位。吕蒙极力劝说孙权夺回荆州。

他向孙权提议道："虽然关羽赶去征讨樊城，却命主力部队留守江陵，足见他非常害怕我军突袭江陵。倘若我假装因病卧床不起，关羽得知此消息后定会安心地调派大量兵马到前方去，此时我们就趁其后方空虚而前去偷袭，定能抢回荆州。"孙权依照计划行事，命一名名不见经传的新将陆逊接替吕蒙做了主帅，并命吕蒙返回，假装治病。关羽丝毫没有怀疑，因此松懈了后方的防备，调派大量兵马前去支援樊城。

这时，曹操又命人来联系孙权，让他出兵攻

▼（东汉）冶铁水排（模型）
东汉建武七年（31年），南阳太守杜诗发明冶铁水排。水排综合利用了轮轴、凸轴、杠杆与弹杆，并利用水的冲力，通过杠杆带动皮囊为炼铁炉鼓风。

汉纪 下　　襄樊之战

打江陵，两人想法一致，一拍即合。于是孙权再无顾虑，坚定信心要夺回荆州。

219年秋，吕蒙偷偷地从建业去了寻阳，接着他又让右护军蒋钦带领水兵从夏口北向汉水出发以抗击关羽军队，还命人将全部战船改装成商船的模样。他和将士们躲进船舱里，并命舵手们打扮成普通百姓的模样，身着商贩的白衣，顺着长江徐徐前进。吕蒙等人在陆口和陆逊会师，并且进了荆州城。蜀兵见这些都是商船，就让他们停泊在岸边。当夜，吕蒙率兵走出船舱，捕获了岸边岗楼中的所有哨兵，并占据了岗楼。

之后，吕蒙率军以极快的速度占据了江北，并逼近公安。分别驻守公安和江陵的蜀军将领糜芳和傅士仁早就不满关羽平日的清高自大，见吕蒙大军兵临城下，没等吕蒙劝降，他们就开城归降了吴军。那时关羽属下将士的家人都还在江陵，守城将士一归降吴军，这些人就都被吴军抓了。吕蒙进城后，下令将士不许抢夺百姓财物，还命人抚慰关羽属下将士的家人，并禁止自己所部的将士侵犯民众。有一个兵卒是吕蒙的同乡，在雨天时顺手拿了一户人家的一顶斗笠来遮住铠甲，吕蒙不留任何情面地处死了他。吴军军纪严明，体恤民众，江陵局面逐渐稳定。

此时，曹操派去援助前线的徐晃大军已到了樊城，这使得曹仁军士气大振。为了让孙权和刘备的矛盾激化，自己坐山观虎斗，徐晃就让手下抄写了多份孙权同意夹击关羽的信件，接着他又命人把这些信件射进了关羽的营寨。关羽见到这些信后，不知如何是好。就在他犹豫不决时，徐晃又借机率兵攻打关羽据点。激战过后，关羽战败，只得暂时放弃围剿樊城。接着关羽率军开始后撤，途中得知江陵被占，赶紧命使者返回探查情况。使者到了江陵，吕蒙就假装很有诚意地招待了他，还和他一起在江陵城内四处查看了一番，

▲吕蒙白衣渡江
吕蒙让士兵化装成商人，采用奇袭战法，攻心为上，兵不血刃地夺取了江陵，使"白衣渡江"在中国古代战争史上留下了传奇的一笔。

并去关羽将士家中抚慰将士的家人。这些人纷纷表示吴军对他们很好，不仅安抚民心，还常常送给他们一些食物。他们还特意写信交给使者带回去，以此来说明使者没有说谎。回到蜀营后，使者一五一十地把这一切报告给了关羽，关羽属下将士听说江陵的家人都安然无恙，还得到了很好的照顾，都丧失了斗志，其中大部分人自营寨逃回了江陵。关羽见情势危急，就命人求助于驻守上庸的蜀将刘封、孟达。可这两人刚刚占领上庸，急需安抚军心，因此没有支援关羽。

此时，关羽势单力薄，孤立无援，只得率领少量兵马逃到麦城。陆逊则趁势向西进攻，并占领了宜都。麦城的东、西、南三个方向被围，吕蒙猜关羽一定会从麦城北面直向西川的小路逃亡，因此就预先设下伏兵。关羽和儿子关平最终被吴将马忠活捉，孙权知道他们绝不会投降，遂下令将二人处死。襄樊之战，刘备一方最终功败垂成。

汉纪 下 — 刮目看吕蒙

吕蒙是东吴的良将，曾跟随孙策出征，很有胆量。孙权掌管江东时，吕蒙征讨丹阳，讨伐黄祖，多次立下大功。吕蒙识字不多，所以只能用口述的方式让别人代写来完成奏章。在孙权的劝说下，他勤奋读书，学识大有长进，阐述天下局势时也有了自己独到的见解，就连以儒将著称的鲁肃也对他刮目相看。鲁肃死后，吕蒙接替了他的职位。此后，他设计袭击荆州，白衣渡江，打败了关羽，从此名满天下。

人小鬼大，果敢有识

吕蒙，祖籍汝南富陂，字子明。他年少时渡过长江，南下投奔姐夫邓当。邓当是孙策的部下，曾数次率兵征讨山越。吕蒙十五六岁时，偷偷跟着邓当去攻打山越，邓当发现后，严斥吕蒙并命他回去，可吕蒙坚持不回。征讨回来后，邓当立即将此事禀告了吕蒙的母亲。吕母十分气愤，想惩罚吕蒙，吕蒙辩解道："穷困卑微之人很难立足于这世上，要想出人头地就得先建功立业。不冒险怎么能做成大事呢？"吕母听完后满是心酸，就没惩罚他。

那时，邓当有个手下很瞧不起吕蒙，还说："吕蒙不会有什么作为，他如此冒险，定会成为老虎口中之食。"几天后，他看见吕蒙，又出口对吕蒙辱骂。吕蒙气急之下一刀杀死了他，之后避难于老乡郑长的家中。校尉袁雄劝说吕蒙自首，之后袁雄又找机会向孙策求情。孙策见吕蒙年少有才确有过人之处，就把他留在了身边。几年后，邓当去世，张昭举荐吕蒙接替了邓当的职位，担任别部司马。

事主东吴，豪气冲天

200年，孙权接管江东，他认为年轻将士缺少作战经验，况且现在兵源短缺，因此就想合并一些军队。吕蒙听说后，就偷偷地赊了一些布料，为将士们制作了新军装。等到孙权检阅部队时，看到吕蒙的军队阵形齐整，将士威武，着装统一，士气旺盛，十分满意，觉得吕蒙治军有方，因此就加强了他的兵力。随后，吕蒙跟着孙权征讨丹阳，立下了不小的功劳，没多久就被晋升为平北都尉，兼任广德县长。不久，吕蒙又随孙权讨伐江夏太守黄祖，黄祖命都督陈就携水兵抗击孙权。吕蒙率领先锋军亲手在战场上斩杀了陈就，大大地鼓

▲（三国）锥刻戗金黑漆盒盖
出土于安徽马鞍山朱然墓，盒盖上的戗金花纹道劲纤细，疏而不密，与后世流行的繁密花纹很不一样。流动的云气纹中有神禽异兽六十五只，并有拱手握剑、执节持旗的人物，是髹漆工艺与绘画技艺相结合的上乘之作。

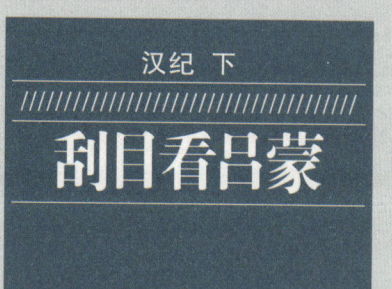

汉纪 下　　刮目看吕蒙

舞了东吴军的士气，他们乘胜追击，最终占领了黄祖的地盘。黄祖弃城独自逃走，后被其部将冯则所杀。此战后，孙权按功封赏，还说道："此次战役取胜的原因就在于我们先拿下了陈就。"因此，吕蒙被升为横野中郎将。

208年，吕蒙跟着周瑜、程普等人取得了赤壁之战的胜利。败逃的曹操率兵返回中原时，命大将曹仁留守江陵。孙权派周瑜、程普率领几万兵马，与曹仁的军队隔江对峙。益州将领袭肃带领自己的部队归顺孙权，周瑜奏请孙权让吕蒙来统率袭肃的部队。可吕蒙极力赞扬袭肃的胆识和才干，认为袭肃率军远道而来归顺孙权，情理上都应当加强袭肃的兵力。孙权觉得吕蒙说得很有道理，就命袭肃统率其部队。

不久，周瑜命甘宁去征讨夷陵，以配合自己攻打江陵。驻守江陵的曹仁分出其中一路大军去攻打甘宁。甘宁被围，向周瑜求助。将士们都觉得自己兵力不足，因此无法分兵前去援助甘宁。吕蒙对周瑜、程普说道："江陵就让凌公绩来驻守吧，我和你们一起去救甘宁，这次救援用不了多久，我担保凌公绩最少能保江陵十天。"接着，他又建议周瑜派人用木柴截断险峻的道路，以便在曹军逃亡时缴获他们的战马。周瑜接受了吕蒙的提议，亲自率兵去了夷陵，并大败曹军。曹军死伤过半，只得趁夜逃亡。经过堆满木柴的道路时，骑军大都弃马步行而逃。吕蒙率军追击阻截，收缴了三百多匹曹军的战马。吴军士气大增，全军立即过江到了北岸，并扎营于此，准备攻打江陵。曹仁军队损失惨重，加上孤立无援，只得弃守江陵，撤兵逃亡到荆州地区。周瑜率军占领了江陵，被孙权封为南郡太守，吕蒙则被升为偏将军，兼任寻阳县令。

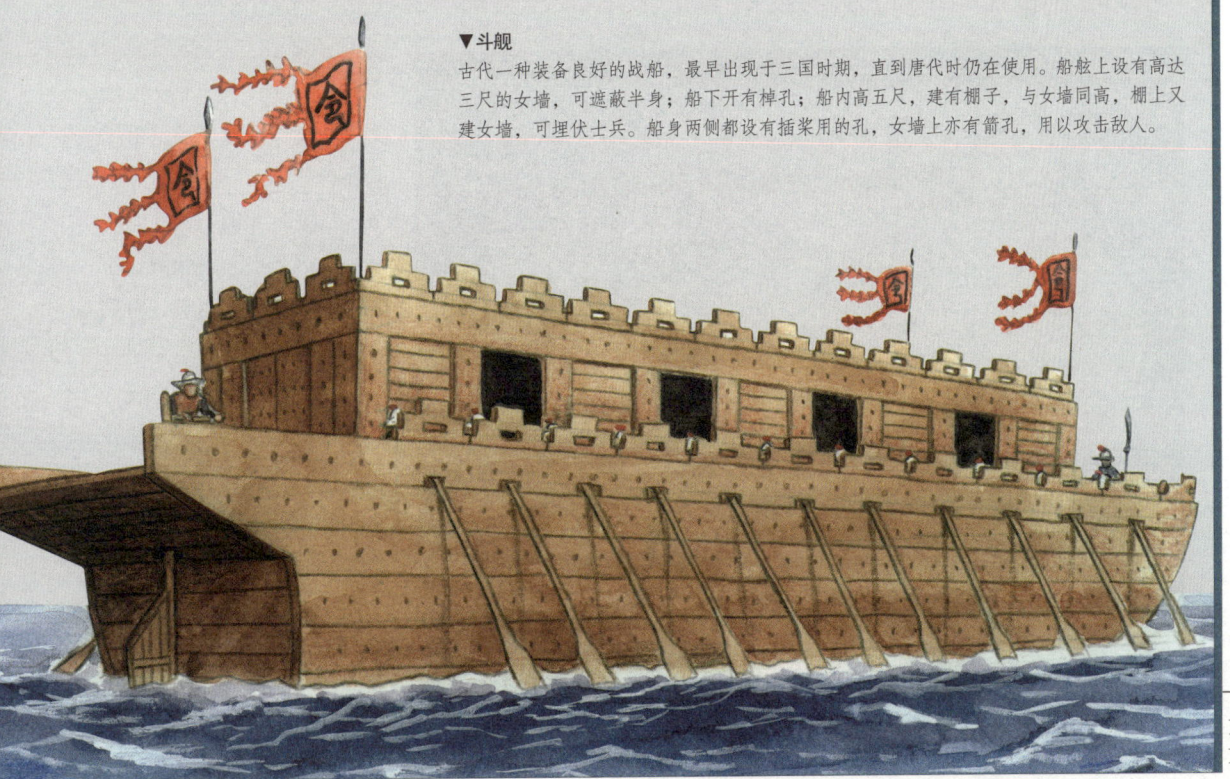

▼斗舰
古代一种装备良好的战船，最早出现于三国时期，直到唐代时仍在使用。船舷上设有高达三尺的女墙，可遮蔽半身；船下开有棹孔；船内高五尺，建有棚子，与女墙同高，棚上又建女墙，可埋伏士兵。船身两侧都设有插桨用的孔，女墙上亦有箭孔，用以攻击敌人。

一介武夫，终成儒将

吕蒙生于贫苦人家，生活艰难，所以识字不多，每次写奏章或写信，都是由他口述，别人代写。因此，虽然吕蒙多次立下大功，可是鲁肃认为他只是个逞匹夫之勇的粗人，有些轻视他。

孙权很欣赏吕蒙，希望他能多读些书。一次，孙权对吕蒙说："现在，你身居要职，掌握着大权，没有知识可不行，你还是要多读书识字才行。"吕蒙推托道："我现在要处理很多军政要事，根本就没时间读书。"孙权说道："我不是要你研读诗书典籍，更不是要你成为一个博学多才的人。你只要能了解一些知识，明白一些书中的道理就行了。你觉得你要处理的事情比我多吗？我经常研读各种书籍，从中得到了很深的启示，受益匪浅。汉光武帝出征时也书不离手，称雄中原的曹操虽然老了，可还是喜好读书。你应当拿这些人来勉励自己。"听完这番话，吕蒙彻底醒悟了，从此开始发愤学习，还经常谦虚地求教于别人。

210年，周瑜病亡，鲁肃接替了他的职位。一次，鲁肃正好经过吕蒙的营地，就去看吕蒙。酒喝到兴头上，吕蒙问鲁肃："您担此重任，挨着关羽的营地，要用何种手段来防范一些意料之外的事呢？"鲁肃不假思索地随口说道："见机行事就行。"吕蒙说道："这样可不妥。如今吴、蜀两家表面上看来是同盟，可你知道关羽是很难对付的，怎么可以不事先做好部署呢？"之后，他又给鲁肃提出了五个策略。鲁肃听后惊叹不已，就起身离开座位，来到了吕蒙身边。拍拍吕蒙的后背，说道："士别三日，当刮目相看哪！"

吕蒙身体一直不好，年仅四十二岁就离世了。他生前把自己的全部钱财都放在府库里，并告诉看管府库的人在他死后把这些东西上交，临终前还嘱托后人办理他的丧事要节俭，不可铺张浪费。孙权听说此事后，更感悲痛。

吕蒙改变旧习，发愤读书，好学之心让人敬佩。他轻视财利，看重道义，而且有勇有谋，果断刚毅，同时严于律己，宽以待人，颇有国士之风，是让人敬佩的一代名将。

◀（三国）青釉鸡首壶
高19厘米，壶口较小，短颈鼓腹，肩上塑一鸡首作壶流。鸡首制作精巧，嘴微张，形象生动。

汉纪 下　　忠义双全的关羽

忠义双全的关羽

关羽是刘备手下的重臣良将，他自从与刘备、张飞桃园三结义之后，一直跟随刘备出生入死，是刘备多年征战生涯中不可或缺的得力助手。他最后不幸败走麦城，惨遭杀害，但威名却越来越高。他在民间一直是忠义的化身，被人们尊为武圣人，至今民间仍流传着很多关于他忠诚、正义、骁勇善战的故事。

▼关羽失荆州

义薄云天，彰显实力

关羽，河东郡解县人，字云长，小字长生。黄巾军起义之时，关羽在涿郡认识了刘备、张飞，当时，刘、张二人也在召集民众起兵，因此关羽就投靠了刘备。他们三人志同道合，情同手足。关羽跟着刘备在战场上厮杀，不畏艰险，屡建奇功。之后，刘备由于作战有功而被封为平原相，关羽和张飞二人也做了别部司马。

198年，刘备投奔曹操。曹操封刘备为左将军，封关羽为中郎将（职位仅次于将军），足见曹操非常赏识刘备等人。可曹操好猜忌，因此刘备一直想另找出路。199年，刘备突袭并杀死了曹操的部将徐州刺史车胄，命关羽代他做下邳太守，他自己则驻守在小沛，积极地招兵买马，与朝中的反曹势力遥相呼应。

200年正月，车骑将军董承、王服等人设计暗杀曹操，计策败露，董承、王服等人被斩，灭三族。可参加此次暗杀的刘备却侥幸逃脱。随后曹操亲率大军讨伐刘备，匆忙迎战的刘备输给了曹操，刘军溃散而逃。之后曹操占领了下邳，擒住了关羽。

曹操十分赏识关羽，敬佩他是个骁勇善战的将才，因此封他为偏将军，给他优厚的礼遇。刘备逃跑后投靠了袁绍。其后袁绍命将领颜良攻占白马，曹操命以张辽和关羽为首的前锋军抗击颜良。关羽面对强敌从容不迫，斩杀了颜良，解除了白马之围，立下大功。曹操奏请皇帝封他为汉寿亭侯。

千里走单骑，忠贞不二

曹操非常佩服关羽的英雄，可发现他总是心神不宁，于是让与关羽交情较好的张辽去询问缘由。关羽感慨道："我知道曹公待我不薄，可是刘将军对我的恩情更重，我曾起誓与他同生共死，因此我不可叛离他。我不会长留于此，报答完曹公的恩情便会离开。"张辽把关羽这番话原原本本地告诉了曹操，曹操不仅没有憎恨关羽，反而

汉纪 下　　忠义双全的关羽

觉得他是个仁义、守信之人，对他更加欣赏。关羽斩杀颜良，解除白马之围后，曹操知道关羽即将离去，因此就赏赐给他很多东西。关羽将这些东西退还给曹操，并附上一封辞别信，接着便赶去与刘备会合。曹操手下打算追杀关羽，曹操却说："各为其主，不必追了。"关羽在万军之中斩杀颜良，为刘备放弃高官厚禄，骑马行进千里只为追随刘备，这些都使得人们对他更加尊重，也给百姓留下了关于他忠义兼具的传世美谈。

关羽不仅忠心守义，更以骁勇享誉三军。关于他的故事，众人皆知的就是"刮骨疗毒"。相传战乱中，他的左臂曾被箭射穿，虽然此后伤口愈合了，可只要碰上阴雨天骨骼就会剧痛不止。军中郎中说："因为箭头上有毒，毒液渗入骨中，只有把左臂上的伤口切割开，将骨上的毒刮掉才能彻底消除疼痛。"于是关羽就伸出左臂，命郎中割开了伤口。那时关羽正和一些将士对坐吃喝，他左臂上鲜血直流，接血的盘子很快就接满了。将士们看着这一幕，胆战心惊，都不忍再看了，可关羽神情自若，依旧切肉喝酒，和平日里一样有说有笑，将士们都非常敬佩他。

万古留名，瑕不掩瑜

关羽忠诚守义，骁勇善战，声名远播，可他依然有着致命的性格缺点——刚愎自用而且喜好自夸。赤壁一战后，刘备占领了荆州，并任命关羽为襄阳太守兼荡寇将军。之后刘备占领益州，马超归顺蜀军。刘备自封益州牧，命马超担任平

◀（三国）神兽纹铜镜
直径15厘米，主纹饰为浮雕的神人和龙、虎等兽类。此类铜镜最早出现于东汉中期，一直流行到三国。

西将军。关羽和马超并不认识，他得知刘备非常欣赏马超后就非常不快，还命人给诸葛亮送去一封信，询问马超才能如何，并表示没人能比得了自己。诸葛亮很清楚关羽的个性，就回信道："马超文韬武略，骁勇刚毅，算是现在的豪杰之一，和黥布、彭越差不多，可以和张翼德相提并论，可他绝对比不上美髯公您。"关羽的胡须十分漂亮，因此诸葛亮称他为"美髯公"。见此信，关羽的虚荣心得到满足，他十分高兴，还把信给客人看。

樊城一战中，关羽起初部署了正确的作战方略，并因水淹七军而名震天下，可最终却掉入陷阱，因放松警惕而失去了荆州，最后败走麦城。但即便如此，关羽那出类拔萃的光芒依旧无人可及，他在厚利面前所表现出来的忠诚与信义，在性命攸关之时所表现出来的信念，始终被后人传为美谈，至今都让人敬佩不已。

关羽去世后，被追谥为壮缪侯。此后，历代君主为了稳固政权，都会大力提倡和褒扬关羽的忠义。宋朝时，关羽的形象更是被提升到了近乎神的高度，宋徽宗曾连续追封他为"忠惠公""崇宁真君""昭烈武安王"与"义勇武安王"。明朝时，关羽又被追封为"协天护国忠义帝"。清朝统治者还把关羽庙称作"武庙"，使其成了和文庙——孔庙地位一样的庙宇。

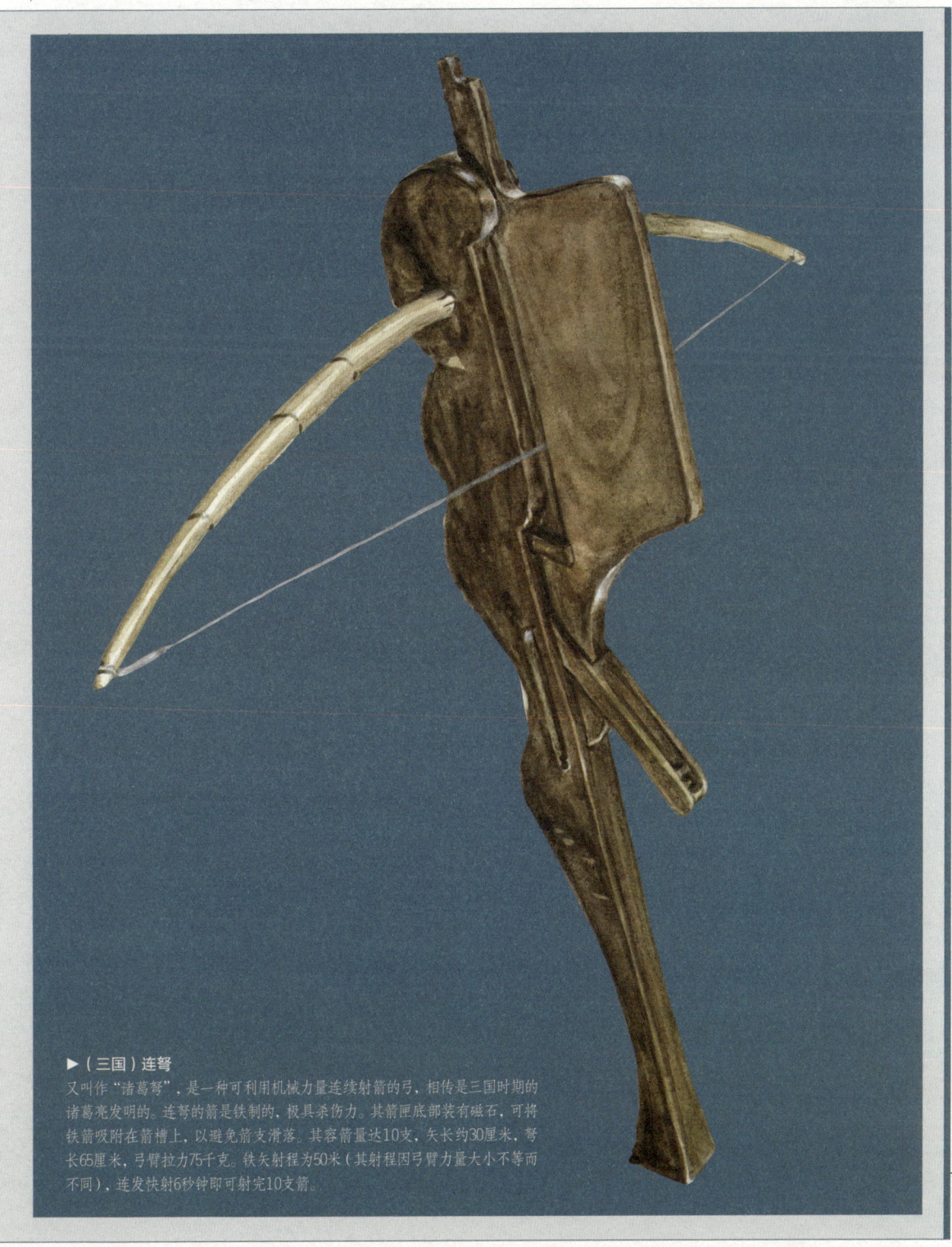

▶▶ 汉纪 下　　▶▶ 忠义双全的关羽

少年读全景
资治通鉴故事 3

▶（三国）连弩
又叫作"诸葛弩"，是一种可利用机械力量连续射箭的弓，相传是三国时期的诸葛亮发明的。连弩的箭是铁制的，极具杀伤力。其箭匣底部装有磁石，可将铁箭吸附在箭槽上，以避免箭支滑落。其容箭量达10支，矢长约30厘米，弩长65厘米，弓臂拉力75千克。铁矢射程为50米（其射程因弓臂力量大小不等而不同），连发快射6秒钟即可射完10支箭。

汉纪 下

勇猛张飞残暴招灾

张飞也是刘备手下的一员猛将，更与刘备有八拜之交，情谊深厚。张飞威猛异常，骁勇善战，曾率二十余骑兵于长坂坡吓退曹军，为刘备立下了赫赫战功。但是，张飞脾气暴躁，凶残乖戾，对士兵要求非常严厉，所以不得人心。最终，张飞的部下忍无可忍，趁他熟睡之时，将其杀死。

英勇豪爽义佐刘

张飞，涿郡人，字益德，是刘备的老乡，早年追随刘备，召集将士镇压黄巾军起义，接着又认识了关羽。张飞、关羽非常敬重刘备，不惧艰辛地追随于他，三人一起出生入死，情同手足。

张飞不仅英勇爽快，还很讲义气。在镇压黄巾军起义的过程中，刘备因立下功劳而被封为安喜县县尉。后来，有位督邮因公差到了安喜县。刘备得知此事后就去面见督邮。督邮手下仗势欺人，不为他通报。刘备很气愤，于是冲进馆驿，将馆中人打倒，并一把揪住督邮，狠狠地将他打了二百多杖。督邮不停地请求刘备手下留情，刘备终于停手。这时，张飞、关羽赶来，张飞说道："哥哥你战功卓越，却只做了个小小的县尉，连督邮都敢如此怠慢您。如今这安喜县乌烟瘴气，我们这些有抱负的人在这里根本没有用武之地，还不如弃官，另谋出路呢。"于是，刘备就把官印和绶带拴挂在督邮的脖颈上，带着张飞、关羽连夜逃走。

刘备入仕为官之路一直都很坎坷，他先后担任多个小官，最后投靠昔日同窗好友公孙瓒，被封为平原相，张飞和关羽也都做了别部司马。

长坂桥吓退曹军

后来，刘备投靠了曹操，并与曹操合力消灭了吕布，接着刘、关、张等人便随曹操去了许都。曹操见张飞英勇无敌，就让他做了中郎将。由于曹操生性多疑，刘备担忧曹操会加害自己，就离开了曹操，随后相继投奔了袁绍、刘表等人，刘表派刘备驻守新野。

曹操占领襄阳后，接着向南进攻新野。刘备闻听此事赶紧逃跑，曹军在后追击他。一天一夜过后，曹军终于在当阳长坂坡追上了刘备。刘备

▶张益德大闹长坂桥

长坂坡一战中，刘备败逃，张飞率二十余骑断后。曹军追赶至长坂桥，张飞横枪立马，厉声大吼："身是张益德也，可来共决死！"声若巨雷，威震敌胆。曹军人人胆寒，不敢上前挑战。

少年读全景
资治通鉴故事 3

▶▶ 汉纪 下　　▶▶ 勇猛张飞残暴招灾

▼张飞遇害
张飞对待属下非常暴戾，部将范强和张达对其十分不满。一天夜里，范、张二人趁张飞喝醉，手提利刃砍下了他的头颅，然后连夜逃往东吴邀功。

勇猛张飞残暴招灾

丢妻弃儿逃命,并命张飞率领骑兵断后。张飞瞪大眼睛,大喝道:"张益德在此,你们敢过来和我一较高下吗?"曹军见他英勇威严,吓得大惊失色,无人敢去应战,于是刘备等人成功地摆脱了追兵。

惜英雄知才礼遇

张飞也是一个性情中人。刘备和刘璋反目成仇,进攻益州。张飞在攻取江州时战胜并擒住了刘璋的属下巴郡太守严颜。张飞怒喝道:"没看见我们的大军吗?你还敢负隅抵抗?"

严颜答道:"你们这些蛮横之人,侵略州郡,我要想保住益州,只好拼死抵抗。"张飞大怒,命属下把他拉出去斩首,严颜神情自若,视死如归。张飞很佩服严颜的英勇之气,就放了他,还把他奉为上宾。

218年,曹操率兵打败张鲁并占领了他的地盘,接着又命手下将领张郃领兵进攻益州。刘备命张飞率兵抵抗张郃,两军对峙了一个多月。为了打破这种局面,张飞带领一万多精兵激战张郃军。张郃惨败,只得率少量兵马躲到山上。张飞大胜,使得蜀地转危为安。

219年,刘备占领汉中,自封为汉中王,并封张飞为右将军。

事未竟身首异处

张飞性情急躁,对手下非常严厉。驻守阆中时,听说关羽被杀,张飞震惊不已,日夜痛哭。他手下的将士们都奉酒相劝,没想到的是,喝醉酒后的张飞更是大怒不已,只要属下稍稍有差池,他就毫不留情地严惩他们,军中不少将士被鞭杖过,有的甚至被鞭打致死。刘备曾劝告他:"你不能总是严惩属下,他们都是骁勇之人,时刻跟在你身旁,倘若再这样下去,迟早会害了自己。"可张飞却不以为意。

一日,张飞命属下在三天内造出白旗白甲,好让全军都披孝征讨吴军。第二天,负责办理此事的将领范强和张达来到张飞帐内,禀告说自己误听成了"百盔百甲",要求再给点时间。张飞勃然大怒,命兵卒将这两人捆到树上,各打五十杖,二人被打得遍体鳞伤。之后张飞指着他们喊道:"这事明天一定要办好!倘若有所拖延,格杀勿论!"

二人返回营地商讨此事。范强说:"我们怎么可能在明天完成此事呢?张飞这人生性残暴,要是明天这事没办好的话,我们的脑袋也就不保了!"张达说道:"横竖一死,与其坐着等死还不如我们先杀了他!"范强和张达二人在一番商议后就下定决心冒险杀张飞,接着再逃出营地。

当夜,张飞喝得酩酊大醉,倒在了帐内。范强和张达便手提利刃悄悄地进入张飞的帐内,趁张飞不省人事时砍下了他的头颅,然后连夜逃到东吴投奔孙权。

张飞一生骁勇,立功无数,但是他对待士兵凶残暴戾,因此给自己招来了祸患。他最后被部下所杀,真是"伐吴未克身先死,秋草长遗阆地愁",实在是一桩憾事。

◀(三国)持盾武士俑